Im Zeichen der Lilie

Das messianische und sophianische Zeitalter

Du selbst bist Deine Krankheit
und Deine Gesundheit

Doch GOTT ist mit Dir

Das Ewige Wort,
der Eine Gott, der Freie Geist,
spricht durch Gabriele,
so wie durch alle Gottespropheten –
Abraham, Hiob, Moses, Elia, Jesaja,
Jesus von Nazareth,
der Christus Gottes

Du selbst bist Deine Krankheit und Deine Gesundheit

Doch GOTT ist mit Dir

Gabriele

7. Auflage Oktober 2023

Max-Braun-Str. 2, 97828 Marktheidenfeld
Deutschland
Tel. 0049 (0)9391/504-135, Fax -133
www.gabriele-verlag.com

Druck: KlarDruck GmbH, Marktheidenfeld

ISBN 978-3-96446-491-0

Inhalt

Vorwort

Jede Krankheit ist die Folge einer Disharmonie. Der Mensch hat sich vom Gesetz der Liebe entfernt und pflegt die Eigenliebe. Das Gesetz der Liebe ist die Allharmonie – Gott. Der Mensch kann daher nur gesund werden, wenn er in die Harmonie mit seinem Schöpfer, mit Gott, zurückkehrt.

In der Krankheit fließt Disharmonie aus der belasteten Seele in den Körper. So ist für den willigen Menschen die Krankheit ein Schritt zur Heilung seiner Seele. Bevor es jedoch zum Ausbruch der Krankheit kommt, gibt es für den Menschen viele Impulse und Mahnungen, die Belastungen seiner Seele, die Programme der Lieblosigkeit, zu bereinigen.

Das vorliegende Buch zeigt die Ursachen der Krankheit auf und den Weg zur wahren Heilung. Viele praktische Lebensregeln werden gegeben; sie betreffen die Bereinigung seelischer Belastung vor dem Ausbruch einer Krankheit; sie geben Rat und Hilfe auch für den Fall, dass eine Krankheit ausgebrochen ist.

In jeder Krankheit jedoch ist auch das Positive. Es ist die Erkenntnis und der Weg zum Wieder-Heilwerden der Seele und auch des Körpers. Es sind die Gotteskräfte im Menschen; es ist Christus, der Innere Arzt und Heiler. Die Grundlage der Heilung ist also die Hinwendung an Gott, der in jedem Menschen wohnt. Im Glauben und im Vertrauen auf Ihn und in der Verwirklichung der ewigen Gesetze finden wir zurück zur Harmonie. Denn Heilung von Seele und Leib ist Rückkehr zu Gott.

In diesem Buch sind die fundamentalen geistigen Zusammenhänge und Gesetzmäßigkeiten dargelegt, die uns Antwort geben auf die Frage: „Warum trifft mich dieses Leid, jene Sorge oder Krankheit, jener Schicksalsschlag?" sowie auf die weitere Frage: „Was kann ich tun, um davon frei zu werden, und was kann ich tun, dass mir solches nicht wieder geschieht?" Diese Fragen nach diesen Gesetzmäßigkeiten sind zugleich der Schlüssel, um aus der Schicksalsunterlegenheit herauszufinden in ein bewusstes und erfülltes Leben.

Die Erfahrung zeigt, dass der Schritt vom Annehmen und Bejahen der geistigen Gesetze hin zum Umsetzen häufig erst nach mehreren Anstößen gelingt. Doch ohne Umsetzung, das heißt ohne Verwirklichung dieser Gesetze bleibt auch die beste Erkenntnis wirkungslos. Daher werden in diesem Buch wesentliche Sachverhalte und Gesetzmäßigkeiten jeweils aus einer anderen Perspektive wiederholt dargelegt. Sie vermitteln dem Leser das grundlegende Rüstzeug, um nicht nur Krankheit und Not in rechter Weise begegnen zu können, sondern auch das eigene Leben auf eine neue, stabile Basis zu stellen. So findet der Heilungsuchende schrittweise Halt und Geborgenheit in seinem Inneren, bei Gott.

Nützen wir die Zeit, indem wir das noch in uns liegende Negative erkennen und unserer Erkenntnis die entsprechende Tat folgen lassen, so werden wir unser Leben in gesetzmäßiger Weise meistern; darüber hinaus werden wir fähig, auch anderen aus der eigenen Erfahrung heraus Rat und Hilfe zu geben.

Krankheit als Zeit der Besinnung und Umkehr

Viele Menschen haben vergessen, dass sie ihr Leben sich selbst verdanken, denn so, wie sie fühlen, denken, sprechen und handeln, so verläuft ihr Leben. Viele leben in den Tag hinein. Sie leben, ohne nach ihrem Ursprung und nach ihrem Ziel zu fragen. Plötzlich kommt die Krankheit – und schon ist der Wunsch da, schnell wieder gesund zu werden. Was aber, wenn der Krankheitsverlauf länger dauert? Die alten Ablenkungen sind weniger geworden, man hat jetzt Zeit zur Besinnung – und so mancher fragt nach dem Warum. Die Suche nach Antworten führt den Kranken eventuell auch zu diesem Buch – und er liest die provozierende Aussage: „Deine Krankheit bist du selbst; sie ist die Ernte deiner eigenen Saat. Was du an Negativem gedacht, gesprochen und getan und nicht geändert hast, das ist die Ursache deiner jetzigen Erkrankung."

Wer diese Wahrheit annimmt, der findet auf den nachfolgenden Seiten viele Gesetzmäßigkeiten, die unserem irdischen Leben zugrunde liegen, so zum Beispiel das Gesetz von Saat und Ernte. Das Buch bietet Anleitung und Hilfen, wie wir unsere Empfindungen und Gedanken erkennen können, die zu unserer Krankheit führten. Es zeigt die Schritte auf dem Weg zur Heilung.

Zunächst erfahren wir einiges über die Kraft und die Wirkung unserer Gedanken. Denn in unserer Gedankenwelt finden wir den Schlüssel für unser Wohl und Wehe, für Krankheit und Gesundheit.

Der Glaube an Gott und das Vertrauen auf Ihn sind die Grundlage der Heilung

Der Glaube an Gott und das Vertrauen auf Gott aktivieren die positiven Kräfte unserer Seele und unseres Leibes. Positive Kräfte sind Heilkräfte. Sie lassen uns gesund werden.

Der tiefe Glaube an Gott und das innige Vertrauen auf Gott sind machtvolle Kräfte. Sie helfen, Krankheit, Not und Leid zu überwinden, und tragen wesentlich dazu bei, gesund zu werden.

Die Voraussetzung dafür jedoch ist, dass wir nicht zweifeln, sondern in jeder Situation – auch dann, wenn das Krankheitsbild nicht günstig für uns ist – das innige Vertrauen und den tiefen Glauben an Gott und an Seine Heil- und Lebenskraft nicht verlieren.

Vertrauen wir uns in jeder Situation Gott an, dann machen wir die Erfahrung, dass Gott verlässlich ist, dass wir Ihm trauen können. Wir trauen Ihm zu, dass Er uns zu helfen und zu heilen vermag. Daraus ergibt sich das Vertrauen.

Vertrauen wir Gott, so wissen wir uns in Seiner Hand geborgen, was auch geschieht. Diese innere Sicherheit macht uns ruhig und gelassen. So erwachsen wahre Stärke und Schicksalsüberlegenheit.

Durch das Gottvertrauen können die Energien in uns frei fließen; wir sind in Harmonie. Das wirkt sich, körperlich gesehen, zunächst auf das Gehirn und auf das Nervensystem aus – anschließend auf den ganzen Körper.

Um Gott vertrauen, uns Ihm anvertrauen zu können, sollten wir wissen, wer Gott ist.

Für viele Menschen ist Gott noch fern. Er ist für sie kaum mehr als ein Wort, mit dem sie unklare, vage Vorstellungen verbinden. Weil sie nicht wissen, dass jeder Mensch in seinem Innersten, in der Tiefe seiner Seele, das Kind Gottes ist, wissen sie auch nicht, dass Gott, unser Vater, uns liebt. Er möchte uns in jedem Augenblick aus Seiner Kraft das zuströmen lassen, was uns hilft, was uns frei und gesund macht und uns Ihm näherkommen lässt.

Die Kraft, der Geist Gottes, ist allgegenwärtig. So ist also Gott, das Leben, die Lebenskraft, das Licht, in allem gegenwärtig, in allen Reichen der Natur – auch in uns, in jedem Menschen, in jeder Seele. Gott, das Leben, ist Hilfe und Heilung.

Denken wir wahrhaft positiv? Schritte der Selbsterkenntnis

Manch einer glaubt, er führe ein positives Leben. Er sagt z.B.: „Mein Nächster ist mir lieb und wert. Ich bin mit meinem Bruder, mit meiner Schwester, mit meiner Frau, mit meinem Mann, mit meinen Berufskollegen und Berufskolleginnen in völliger Übereinstimmung, ja in völliger Harmonie." Doch – ist das wirklich so?

Überprüfen wir unsere Gedanken- und unsere Empfindungswelt nicht, dann glauben wir oftmals, dass das, was wir aussprechen, positiv sei. Unsere tieferliegenden Gedanken und Empfindungen hingegen zeigen, dass wir uns täuschen. Unsere scheinbar positiven Worte haben in Wahrheit mit einer positiven Einstellung zum Leben nichts zu tun, weil unsere Gedanken und Empfindungen gegen unseren Nächsten sind. Wir können dann kaum Positives bewirken und auch die positiven Kräfte in uns nicht aktivieren.

Denken wir nur an uns selbst, wollen nur für uns das Gute, haben allein unser Wohlergehen, unseren Nutzen, unseren Vorteil im Sinn, sind wir also ichbezogen, dann ist unser Denken und Handeln negativ, ungöttlich.

Sind wir nicht für unseren Nächsten, dann sind wir für uns selbst, auf uns selbst bezogen, dann sind wir auch nicht für und mit Gott.

Positiv ist alles, was selbstlos ist. Denn Gott ist die selbstlos-gebende Liebe, und jeder Verstoß gegen die Liebe Gottes ist ein Verstoß gegen das Gesetz, Gott. Gott, die allgegenwärtige Liebe, ist auch in unserem Nächsten. Gott liebt alle Seine Kinder gleich.

Machen wir uns also bewusst: Jeder Gedanke, der nicht für unseren Nächsten ist, ist gegen ihn und ist auch gegen Gott gerichtet.

Näher zu Gott kommen wir einzig auf dem Weg über unseren Nächsten – indem wir das beseitigen, also bereinigen, was zwischen uns und unserem Mitmenschen steht.

Wollen wir mit Gott in Kommunikation treten, so müssen wir mit Ihm, der selbstlos gebenden Kraft, in Harmonie kommen durch unser selbstloses Empfinden, Denken, Reden und Handeln gegenüber unseren Nächsten.

Unterkommunikationen entdecken – Negativprogramme auflösen

Um das Vertrauen zu Gott aufzubauen, kommen wir nicht umhin, unsere Beziehung nicht nur zu Gott, sondern auch zu unserem Nächsten zu überprüfen.

Nicht jedes gesprochene oder gedachte Wort, das, oberflächlich betrachtet, wohlmeinend und gut zu sein scheint, ist auch wirklich so. Um uns in der Tiefe kennenzulernen und unsere wahre Gesinnung zu erforschen, müssen wir uns prüfen, ob unsere Unterkommunikationen ebenfalls positiv sind.

Leben ist Kommunikation.

Was sich zwischen Menschen abspielt, beruht auf Kommunikationen. Unser gesamtes Denken besteht aus Kommunikationen; was wir sprechen, ist Kommunikation; wenn wir etwas anschauen, fließen schon Kommunikationen, die sich in unseren Gedanken, aber auch in Gefühlen, Empfindungen und feinsten inneren Regungen ausdrücken können, die wir kaum noch bewusst erfassen.

Mit Unterkommunikationen bezeichnen wir jene Kommunikationen, die hinter oder unter dem ablaufen, was wir als Kommunikationen bewusst wahrnehmen. Das können Gefühle sein, die wir nicht hochkommen lassen, auch Empfindungen, die wir selbst noch nicht so richtig definieren können. Hinter Unterkommunikationen liegen die Dinge oder die Geschehnisse, die wir nicht wahrhaben möchten, die wir unterdrückt und ins Unbewusste verdrängt haben, die uns also im Moment nicht mehr gegenwärtig sind.

Unsere Unterkommunikationen sind deshalb für uns so bedeutungsvoll, weil sie unser ganzes Leben mitprägen. Sie wirken gleichsam im Untergrund, beeinflussen unsere Sinne, unser Denken, Sprechen und Tun.

Unterkommunikationen beruhen meist auf Unbewältigtem. Wir haben einmal einen Störfaktor nicht beseitigt, ein Problem nicht gelöst. Es ist noch da, ohne sich offen zu erkennen zu geben. Das kann gefährlich werden. Denn alles sendet, und was sendet, empfängt auch wieder – entsprechend dem, was gesendet wurde.

Holen wir diese „geheimen Störsender“ in uns ans Licht, indem wir sie uns bewusst machen, so können wir sie auflösen und somit unschädlich machen.

Der erste Schritt, um unsere Unterkommunikationen zu lüften, ist der, uns selber zu beobachten und zu kontrollieren. Wir stellen das, was wir sagen, einmal selbst in Frage. Wir geben uns nicht mit unseren vordergründig positiven Gedanken und Worten zufrieden, sondern schauen tiefer, um zu erfassen, was sich dabei in unserer Gefühls- und Empfindungswelt abspielt.

Oft ist für uns zunächst nur ein sonderbares, eventuell mulmiges Gefühl greifbar, oder es machen sich eine gewisse Unruhe oder ein Unbehagen bemerkbar. Wird uns dies bewusst, dann setzen wir uns hin und lassen dieses Unbehagen, diese Unruhe oder dieses mulmige Gefühl aufsteigen.

Die Unruhe, das mulmige Gefühl oder das Unbehagen sind Unterkommunikationen, die in uns ablaufen, also Gedankenkomplexe. Wir holen sie herauf, indem wir sie ansprechen: „Was willst du mir sagen?“ Oder wir fragen uns: „Was will mir nun dieses mulmige Gefühl sagen?“

Wir warten ab. Meist kommen dann Bilder; denn die Gedanken, die Unterkommunikationen, die unter dem Oberbewusstsein ablaufen, bestehen – wie alle Gedanken, Empfindungen und Kommunikationsträger – aus Bildern oder Teilen von Bildern. Wir lassen diese Bilder kommen und betrachten sie. Dann wird uns klar, was unserer Unruhe, dem Unbehagen, zugrunde liegt: Es kann ein Fehler sein, eine Schwäche, Unverziehenes – immer ist es ein Aspekt des niederen, ichbezogenen und übelwollenden Menschlichen. Wir wissen gleichzeitig auch, was zu tun ist, was wir zu bereinigen haben, um das aufzulösen.

Haben wir die Unterkommunikation erfasst und darin uns selbst erkannt, dann sind wir einem unserer Negativprogramme auf die Spur gekommen. Wir können uns nun entscheiden, ob wir das erkannte Menschliche behalten und eventuell weiterpflegen wollen oder nicht.

In allem Negativen ist auch zugleich das Positive enthalten. Dieses Positive geben wir nun immer wieder, bis es greift, in unser Gehirn ein. So löschen wir allmählich die Programme der Unterkommunikationen und setzen neue, positive Programme. Unser Gehirn, die Steuerzentrale für unseren gesamten Körper, gibt aufgrund des neuen Programms ganz andere Impulse an bestimmte Körperzellen und -organe als vorher, weil ein neues, positives Programm das alte, negative abgelöst hat. Infolgedessen kann und wird sich in unserem Inneren und somit auch in unserem Körper etwas zum Guten verändern.

Zweifel und eigenwillige Vorstellungen blockieren die Heilkräfte Gottes

Mancher von uns sagt: „Ich glaube an Gott; ich vertraue Ihm." Hinter diesen Worten steht jedoch oftmals der Zweifel. Er zeigt sich in einem Unbehagen, in einem „mulmigen" Gefühl, in einer inneren Unruhe, aber auch in unseren Ausreden. Diese Empfindungen oder Gefühle hinter unseren Gedanken und Worten – unsere Unterkommunikationen also – deuten auf unterdrückte Zweifel hin. Sie besagen: Unser Glaube, unser Vertrauen sind noch nicht tragfähig.

Entdecken wir, dass unser Glaube an Gott und unser Vertrauen in Gott noch nicht tragfähig ist, dann können wir so verfahren, wie eben beschrieben: Wir lassen die unterdrückten Gefühle hochsteigen. Diese können sich etwa in folgenden bänglichen Gedanken äußern: Ob es Gott wohl so will, wie ich es wünsche und von Ihm erwarte? Oder: Wenn ich mich Gott anvertraue, könnte es dann vielleicht doch anders kommen, als ich es will?

Sollte der Wille Gottes jedoch anders aussehen, als wir es uns vorstellen, dann können wir eventuell diese oder jene menschlichen Ziele nicht mehr erreichen. So weit wollen wir dann vielleicht Gott unser Geschick nicht überlassen. Wir wollen lieber das, wovon wir glauben, dass es gut für uns sei. Oder wir ziehen es vor, uns im Äußeren abzusichern.

Kommen solche und ähnliche Gedanken, so erscheinen auch die entsprechenden Bilder, wenn wir uns Zeit nehmen, bis sich die Gedanken gleichsam aufblättern und sich als Bilder zeigen.

Bestehen solche und ähnliche Unterkommunikationen und räumen wir sie nicht aus, dann ist eine Ganzheitsheilung nicht möglich, auch dann nicht, wenn wir – mit dem Kopf – Glauben und Vertrauen in Gott bejahen. Wir kommen nicht umhin, uns die Frage zu stellen und uns zu entscheiden, ob wir den Willen Gottes wirklich akzeptieren oder ob wir für unser Leben unseren eigenen Willen durchsetzen wollen.

Wollen wir unseren Willen durchsetzen, dann bleiben wir der, der wir sind – der Mensch, der die Selbsterkenntnis scheut und sich darum auch nicht ändern und nicht frei werden kann.

Dann können wir natürlich kein Vertrauen zu Gott aufbauen, und ohne Vertrauen können die Heil- und Lebenskräfte Gottes in uns wenig bewirken, da wir ihnen den Zugang in uns verwehren.

Wirkliche Heilung nur über die Heilung der seelischen Ursachen

Die Ganzheitsheilung ist eine Heilung der Seele und des Leibes und führt deshalb zur tiefgreifenden Gesundheit und echten Überwindung dessen, was uns krank macht. Dabei wird zuerst der Seele größte Aufmerksamkeit geschenkt – denn: Jeder Krankheit liegt als Ursache ein Fehlverhalten des Menschen zugrunde. Es geht als Belastung in die Seele ein und wirkt von dort auf unseren Körper ein.

Wohl kann – z.B. durch Einsatz starker Medikamente – die Heilung des Körpers erreicht werden. Die Heilung des Körpers allein ist jedoch keine Ganzheitsheilung, sondern nur eine scheinbare oder eine vorläufige. Es ist nur eine Frage der Zeit, bis die Krankheit erneut ausbricht, bis sie eventuell chronisch wird oder eine ähnliche Krankheit auftritt – denn die Ursache der Krankheit ist nicht beseitigt. Sie liegt als Belastung weiterhin in uns, in unserer Seele.

Die Ursache *jeder* Krankheit liegt in der Seele. Wir können die Ursache unserer Krankheit erkennen, wenn wir unsere Gedanken beobachten und, vor allem, unsere Unterkommunikationen, die oft weit mehr aussagen als der bewusste Teil unserer Kommunikation.

Ein guter Arzt oder ein guter Lebensberater, der die Vorgänge von Ursache und Wirkung aus eigenem Erleben kennt, kann uns helfen, uns selbst zu erkennen und die Schritte zur notwendigen Veränderung im Denken und Leben zu finden.

Unsere Programme liegen im Gehirn; der Weg in den Körper über das Nerven- und das Hormonsystem

Betrachten wir die Vorgänge zwischen Seele und Körper.

Kommunikationen und Unterkommunikationen gehören zu bestimmten Programmen. Organisch betrachtet, liegen die Programme im Gehirn, vor allem in den unteren Abschnitten des Gehirns, im limbischen System, dort, wo die Gefühle, die Emotionen, die Affekte, angesiedelt sind.

Betrachten wir es geistig, dann liegen die Programme im Ober- oder Unterbewusstsein und, wenn sie länger bestehen, in den sogenannten Seelenhüllen, welche die Aura des Menschen bilden.

Von den Seelenhüllen, der Aura, strahlen sie in einzelne Partikel des Seelenleibes und von diesen in die Gestirne, die im Gesetz von Saat und Ernte als planetare Speicher dienen. Dort werden die Programme – die Belastungen des Menschen, seine sogenannten Ursachen, die in seinem irdischen Dasein zur Wirkung kommen können – gespeichert. In diesen Gestirnen sind die gesamten Abläufe aller Menschen verzeichnet, weil jeder Mensch der Mikrokosmos im Makrokosmos ist.

Da, wie eben geschildert, die Programme vom Gehirn ausgehen, so könnte man sagen: Unser Schicksal, Krankheit, Not und Siechtum – alles, was uns widerfährt, liegt in unserem Gehirn; gleichzeitig liegt es in der Seele und auch in den entsprechenden Planeten.

Unsere Krankheit liegt also, was unseren Körper betrifft, im Gehirn. Vom Zentrum, dem Gehirn, aus geht sie den Weg in den Körper z.B. über das autonome oder über das vegetative Nervensystem.

Ein Zentrum des vegetativen Nervensystems befindet sich im Bereich des Sonnengeflechtes. Dort, im Oberbauch, tritt auch das erwähnte mulmige Gefühl auf, das uns eine Unterkommunikation anzeigt. Im Bereich des Sonnengeflechtes kommt es dann zu einer Verkrampfung, die man z.B. im Ultraschall beobachten kann.

Es treten Energieverluste auf mit entsprechenden Schwächen der angeschlossenen Organe – z.B. der Bauchspeicheldrüse –, die dann unter Umständen sogar zum Blutdruckabfall oder zum Kollaps, zur Ohnmacht, führen können.

Die Impulse vom Gehirn gehen in erster Linie über das Nervensystem in den Körper, aber auch über das Hormonsystem.

Bewegen wir negative – z.B. ängstliche, sorgenvolle, neidische, habgierige, eifersüchtige oder rachsüchtige – Gedanken in uns, dann beeinflussen diese unser vegetatives Nervensystem. Diese Irritation kann wiederum bestimmte Organe entsprechend beeinträchtigen, so dass es zu Verkrampfungen oder zu Blutarmut oder anderem kommt. Darüber hinaus werden die zwei Hauptdrüsen des Körpers – die Zirbeldrüse und die Hirnanhangdrüse – in Disharmonie gebracht, und diese geben dann ihre hormonellen Signale an die übrigen Drüsen ab. Fehlsteuerungen im Organismus sind die Folge. So entsteht im Körper ein negatives Schwingungsfeld, ein Milieu, das es Viren und Bakterien erlaubt, uns – unseren Körper – anzugreifen.

Positive Gedanken sind die besten Steuerimpulse für unseren Körper

Wir sehen: Die Krankheitserreger selbst sind nicht der eigentliche Ursprung, sind nicht die Ursache unserer gesundheitlichen Störung. Die Ursache liegt allein in uns selbst, nämlich in unseren negativen Gedanken.

Disharmonische Gedanken bringen also unseren Körper aus der Harmonie. Besteht in unserem Hormonhaushalt und im Nervensystem eine Gleichmäßigkeit, Ruhe, ein Rhythmus, wie er von der Natur vorgegeben ist, so sind und bleiben wir gesund. Sobald aber dort hektische Spitzen auftreten oder langzeitige Täler, können unsere Organe dem nicht mehr folgen; sie geraten aus ihrer Funktion – und die Basis für eine organische Krankheit ist gegeben.

Beobachten wir uns selbst: Gehen wir am Abend mit negativen Gedanken zu Bett, zermartern wir unser Gehirn mit quälenden, aggressiven oder trüben Gedanken, dann wird nicht nur unsere Seele energiearm werden bzw. bleiben. Auch unser Körper wird es spüren, dass wir den Rhythmus seiner Abläufe in Disharmonie gebracht haben. Wir bringen den Ablauf der „Organuhr“ in uns in Unordnung.

Der Organuhr zufolge weisen alle Organe zu einer bestimmten Zeit ein Maximum und ein Minimum an Aktivität auf. Morgens sind z.B. die Nebennierenrinden hoch aktiv, obwohl wir noch schlafen. Sie bereiten den Tag vor. Läuft dies richtig ab, sind wir am Morgen gestärkt und frisch. Ist eine Fehlsteuerung wirksam, dann erwachen wir gequält und müde.

Damit sich alles im rechten Maß und Rhythmus vollzieht, müssen wir unsere Gedankenwelt ordnen. So, wie wir denken, so läuft die Steuerung in unserem Gehirn und in unserem Körper ab.

Positive Gedanken sind die besten Steuerimpulse für unseren Körper. Es ist also notwendig, dass wir umdenken. Umdenken heißt, statt negativer, ängstlicher, zweiflerischer Gedanken nun positive, selbstlose Gedanken zu denken. Besonders kommt es darauf an, dass wir unsere Unterkommunikationen erkennen, um sie an ihrem störenden und zerstörerischen Wirken zu hindern.

Ändern wir unser Denken, so ändert sich unser Leben. Der Weg der Selbsterkenntnis und Bereinigung

Unser falsches, ichbezogenes Denken und Leben, unser menschliches Ich, begrenzt uns in jeder Hinsicht und engt uns ein. Es steht nicht nur unserer Gesundheit im Wege, es verhindert auch den harmonischen Austausch mit unseren Mitmenschen; es verhindert Selbstvertrauen, Vertrauen zum Nächsten und Vertrauen zu Gott.

Das entscheidende Hindernis ist also unser eigenes Ich. Wir haben es im Leben ausgebaut und sondern uns damit von unserem Nächsten und von Gott ab. Wir bauten damit Mauern um uns, die uns nun einkerkern. Deshalb müssen wir das ausräumen, was uns hindert, uns Gott anvertrauen zu können.

Machen wir uns bewusst: Gott ist die Liebe! Gott möchte das Beste für uns, Seine Kinder.

Er hilft in den schwierigsten Fällen, wenn wir uns Ihm im Gebet anvertrauen und durch dieses Vertrauen auf Ihn und den Glauben an Ihn mit Ihm in Verbindung bleiben. Dann wirkt die unsichtbare Hand Gottes und zeigt uns unsere Fehlhaltungen und Fehler, damit wir sie mit Seiner Hilfe erkennen und bereinigen können.

Bereinigen wir sie, so wird das Licht im Kerker unseres menschlichen Ichs immer heller – bis sich der Kerker öffnet und wir strahlend und gesund hervortreten.

Bereinigen heißt, den Weg der Selbsterkenntnis gehen: Wir müssen unser eigenes Fehlverhalten selbst erkennen. Haben wir unser Fehlverhalten erkannt, dann ist die ehrliche, tiefe Herzensreue nötig über das, was wir im Leben falsch gemacht haben. Spüren wir diese tiefe Reue, dann wird es uns leichtfallen, unseren Nächsten um Vergebung zu bitten und ihm zu vergeben, was er gegebenenfalls uns angetan hat; wir werden auch wiedergutmachen, wenn wir Schaden angerichtet haben. Und das Wichtigste: Wir werden denselben Fehler nicht wieder tun.

Um ehrliche Herzensreue zu erlangen, könnten wir hier den Satz anwenden, den wir auch aus der Bergpredigt ableiten können: „Was du nicht willst, dass man dir tu, das füg' auch keinem anderen zu."

Fühlen wir uns nämlich in den Menschen, dem wir Leid zugefügt haben, hinein und werden uns bewusst, wie es uns ergehen würde, wenn uns solches geschehen wäre, dann können wir damit die Herzensreue, die tiefe Reue, in uns erwecken.

Diese tiefe Herzensbewegung, die Reue, lässt die Gnade, das verstärkte Fließen göttlicher Energie, wirksam werden. Die umwandelnde und erlösende Kraft Christi wird aktiv.

Solange wir uns nicht selbst erkennen, unser Fehlverhalten nicht bereinigen, sind wir Gefangene unseres eigenen Ichs, das beständig auf uns einwirkt. Es wirkt all das auf uns ein, was wir in unser Gehirn, in unsere Seele und in die Speicherplaneten, in die Gestirne, eingegeben, jedoch nicht überwunden und getilgt haben.

Machen wir uns bewusst, dass jeder Mensch der Mikrokosmos im Makrokosmos ist. Das besagt: Der Mikrokosmos ist die Essenz des Makrokosmos und hat alle Kräfte in sich gespeichert. So speichert der Mikrokosmos auch das, was er, der Mensch, denkt, was er empfindet, was er fühlt, was er spricht und was er tut. Was der Mensch, der Mikrokosmos, speichert, speichert ebenso der Makrokosmos – die Speichergestirne, die im Bereich des Kausalgesetzes wirksam sind – und strahlt es wieder auf den Mikrokosmos zurück, der es ausgesandt hat. Also sind Gehirn und Seele mit jenen Gestirnen verbunden, in die wir unser Fehlverhalten eingegeben haben.

Im Bereich des Kausalgesetzes, das zugleich das Rad der Wiedergeburt ist, lässt eine bestimmte Einstrahlung bestimmter Gestirne in uns bestimmte Belastungen, also Sünden, Ursachen, aktiv werden. Diese machen sich nun bemerkbar und lassen uns genau jenes Negative spüren, das wir einst durch unser boshaftes, liebloses, ichbezogenes, habgieriges, neidisches oder rachsüchtiges Denken, Reden und Handeln selbst verursacht haben. Wir löffeln also nur die Suppe aus, die wir uns selbst eingebrockt haben.

Trifft uns eine Wirkung, z.B. in Form einer Krankheit, so sollten wir nach der Ursache forschen – und die liegt in jedem Fall in uns selbst.

Einsicht und Selbsterkenntnis fallen jedoch vielen Menschen schwer; denn viele – darunter auch Menschen, die z.B. an Krebs erkranken – sagen: „Ich habe doch kein Unrecht getan. Ich habe immer ordentlich gearbeitet und gelebt – wie kann mich dieses schwere Los treffen?"

Machen wir uns immer wieder bewusst: Nicht nur unsere Worte und unsere Taten zählen im Leben, sondern es kommt ganz wesentlich auf unsere Gedanken, ja sogar auf unsere Gefühle an.

Leben wir oberflächlich, ohne unseren Gedanken und Gefühlen Bedeutung beizumessen, dann leben wir in der Selbsttäuschung.

Viele Menschen reden positiv; doch in ihren Gedanken sieht es anders aus. Wie vieles Negative wird in Familien gedacht, in Ehen und Partnerschaften, auch am Arbeitsplatz! Wie viel Streit wird in Gedanken und Empfindungen ausgefochten!

Keine Energie geht verloren, auch nicht die unserer negativen Gedanken. Und die Sonne bringt es an den Tag, früher oder später – möglicherweise in Form einer Krankheit.

Gott hilft so, wie es gut für uns ist. Vergebung macht frei

Nach alldem erkennen wir, dass unsere Krankheiten nur Folgeerscheinungen sind, etwas Sekundäres. Bekämpfen wir einzig die körperlichen Symptome, die Krankheit des Körpers, so wird sich nichts Tiefgreifendes ändern und bessern. Denn: Die Wurzel des Übels liegt in der Seele.

Immer wieder bitten Menschen Gott, dass Er ihren Körper heilen möge. Doch Gott, unser ewiger Vater, der jeden von uns liebt, achtet zuerst auf das Unsterbliche, das ist unsere Seele. Er hilft uns so, wie es gut für uns ist. Deshalb sollten wir nicht sagen: „Handle und hilf Du so, wie ich es will." Vielmehr sollten wir beten: „Wirke Du, o Herr, so, wie es für mich gut ist!"

Auch dann, wenn Schwierigkeiten und Probleme auf uns zukommen, sollten wir nicht verzagen und nicht zweifeln – denn Gott, die Liebe, ist *in uns*. Er ist die heilende Kraft. Und allein hier, in unserem Inneren, in Gott, ist Hilfe, ist wirkliche Heilung möglich.

Strahlt der Geist Gottes verstärkt in eine Belastung ein, so kommt der damit in Zusammenhang stehende Problemkomplex in Bewegung. Daher kann es zunächst so aussehen, als würde eine Verschlimmerung eintreten; es ist jedoch der Beginn der Klärung, eines Reifeprozesses, der in die Gesundung einmünden kann.

Oftmals liegen mehrere, ja sogar viele Ursachen zugrunde, die einen ganzen Komplex bilden können, aus dem die Krankheit hervorgeht. Deshalb sollten wir wachsam, also aufmerksam sein, um Tag für Tag zu erkennen und zu erspüren, welche weiteren negativen Empfindungen und Gedanken in diesem einen Krankheitskomplex liegen.

Lösen wir durch Bereinigung des von uns Erkannten den Krankheitskomplex, der aus unzähligen Bildern von Gedanken, Wünschen, Vorstellungen, also von unserem Fehlverhalten, besteht, auf, dann treten wir mit der positiven Kraft in der Krankheit in Kommunikation; diese positive Kraft ist die Gotteskraft.

Gott ist allgegenwärtig. Seine Kraft, die positive Kraft, beginnt sodann in uns, zu lindern oder zu heilen; doch die positive Kraft in allem, Gott, beachtet vor unserem physischen Körper unseren Seelenleib.

Eine wesentliche Ursache, die zur Krankheit führt, ist behoben, wenn wir nach dem Erkennen und Bereuen von dem betroffenen Nächsten – oder seiner Seele – Vergebung für das erlangt haben, was wir verursacht hatten; wenn wir unseren Fehler wiedergutgemacht haben und wenn wir auch die Festigkeit unserer Absicht durch das Nicht-mehr-wieder-Tun bewiesen haben.

Vergibt uns unser Nächster nicht, dann bleiben wir in dieser Schuld. Den von uns selbst verursachten Teil können wir bereinigen; doch der Teil, den unser Nächster uns nicht vergibt, kann nicht gelöscht werden – so lange, bis unser Nächster uns vergeben hat.

Deshalb sollten wir unsere Zunge hüten! Wie schnell ist etwas ausgesprochen, das uns unser Nächster übelnimmt und unter Umständen lange Zeit nicht vergibt. Infolgedessen bleiben wir in dieser Schuld, die dann auf unsere Seele und auch auf unseren Leib einwirkt.

Vergeben wir unserem Nächsten von Herzen, so sind die Kräfte Gottes wirksam, um unseren Nächsten zu veranlassen, seinerseits auch uns zu vergeben. Tut er es dennoch nicht, dann gilt das, was Jesus von Nazareth in der Bergpredigt sinngemäß sagte: Solange dir dein Bruder nicht vergeben hat, so lange kann dir Gott nicht vergeben.

Wir müssen also erst die beiderseitige Versöhnung mit unserem Nächsten herbeiführen, damit Gott die Ursachen, also die negativen Aspekte in der Seele, umwandeln kann.

An dieser Stelle sei gesagt: Mit unserer Bitte um Vergebung, die das Eingeständnis unserer Schuld beinhaltet, sollten wir nur dann auf unseren Nächsten zugehen, wenn im Äußeren Dinge zwischen uns vorgefallen sind – z.B. Worte gewechselt wurden, Handlungen und dergleichen.

Haben wir einzig in Gedanken gegen unseren Mitmenschen gesündigt, so sollten wir es auch in unserem Inneren, in der Stille über Christus bereinigen, ohne mit unserem Nächsten darüber zu sprechen, weil wir sonst in ihm Reaktionen auslösen könnten, die wir dann mit zu verantworten haben.

Mit den Seelen Verstorbener sollten wir grundsätzlich niemals direkt in Kontakt treten, sondern über Christus im tiefen Gebet die Angelegenheit bereinigen; denn Christus ist in jeder Seele der Vermittler, das Licht und die Kraft. Würden wir direkt mit einer Seele in Verbindung treten, so bestünde die Gefahr, dass wir sie damit an uns binden.

Ein bekanntes Wort lautet: Kränkung macht krank. Die meisten verstehen das so: Ich werde gekränkt, und der mir angetane Kummer macht mich krank. Wesentlicher aber ist für uns, dass wir uns selbst belasten dadurch, dass wir andere kränken.

Uns geschieht also nichts, an dem wir unschuldig wären. Doch: Gott steht uns bei. Sind wir guten Willens und ernsthaft zur Selbsterkenntnis und Bereinigung bereit, so vermag Er uns auch zu helfen.

Lassen wir deshalb ab vom Klagen und Jammern, und wenden wir uns vertrauensvoll Gott zu – und bleiben in diesem Vertrauen, was auch kommt. Dann kann sich die Krankheit in Gesundheit wandeln, und alle Dinge und Geschehnisse werden so gelenkt, dass sie letzten Endes gut für uns sind.

Bleiben wir in Gott, schenken wir Ihm trotz allem unser Vertrauen, dann kann Gott auch in unserem Nächsten wirken, so dass er uns eventuell rascher vergibt. Sobald wir dann Vergebung erlangen, kann der Heil- oder Linderungsprozess fortschreiten.

Die Aufgabe des Arztes

Gott sollte unsere Stütze sein in jeder Situation, was immer auf uns zukommt. Das schließt nicht aus, dass auch Menschen uns helfen können. Wohlgemerkt, Menschen können uns dabei insoweit helfen, dass wir bereit werden, uns für die innere Heilkraft zu öffnen: Der Arzt kann den Organismus hierfür vorbereiten; der Therapeut trägt zur Entspannung bei, und der Gesprächspartner hilft, die Knoten unseres menschlichen Ichs zu lösen – damit sich die Tür unseres Kerkers öffnet und das Licht hineinzustrahlen vermag.

Speziell in der neueren Zeit werden die Ärzte überschätzt. Die Menschen glauben, sie könnten der Macht der Medizin vertrauen; sie glauben, die Medizin hätte quasi die Krankheit überwunden und auch den Tod weit hinausgeschoben. Schauen wir uns an, wie viel Leid in Krankenhäusern herrscht – nicht nur durch die Krankheit, sondern vor allem auch durch das, was die Medizin im weitesten Sinne mit den Patienten anstellt –, kann man da noch von Vertrauenswürdigkeit sprechen?

Die eigentliche Aufgabe eines Arztes ist es, dem Patienten zu helfen, den Zugang zu den Heilkräften, die in ihm selbst sind, freizulegen.

Der Arzt sollte den Patienten an die Ursache der Krankheit führen. Er sollte dem Heilungsuchenden die Schmerzen lindern und ihm helfen, dorthin zu gelangen, wo er die wirkliche Heilung finden kann, nämlich in sein Inneres.

Ein Arzt, der seine Aufgabe im rechten Sinne erfüllen will, muss selbst Vertrauen zu Gott gefunden haben und ein Leben mit Gott führen. In den alten Zeiten war der Arzt heilkundig; er konnte das Vertrauen zu Gott im Patienten erwecken. In der Medizin von heute ist es anders geworden: Der Arzt ist kein Priester-Arzt mehr wie z.B. im alten Ägypten oder in ähnlichen Hochkulturen, und er ist auch kein Heiler mehr. Er ist oftmals ein Medizin-Techniker, der versucht, den Körper zu heilen wie ein Auto in der Reparaturwerkstatt.

Ein wirklicher Arzt muss vorleben, was der Patient nachvollziehen kann. Er muss also Vorbild sein im Glauben an Gott, im Vertrauen auf Seine Kraft, die alles vermag.

Ein Arzt, der einen Menschen nur repariert, belastet sich. Er lädt Schuld auf sich, weil diesem Menschen, der sich ihm als Patient anvertraut hat, dadurch die Möglichkeit verschlossen bleibt, sich zu erkennen und die Ursache seiner Krankheit zu beheben. Nach einem langen Arztleben kann ein so handelnder Arzt eine Vielzahl von Menschen um die Chance der Selbsterkenntnis gebracht haben – krass ausgedrückt: betrogen. Das heißt, er hat Schuld auf sich geladen.

Energiearmut der Seele und des Körpers durch negatives Denken. Wir selbst sind für unser Denken und Leben verantwortlich

Der Mensch ist immer darauf bedacht, einen anderen als den Schuldigen zu sehen. Er sagt: „Der Mann, die Frau, die Kinder sind schuld an meiner Krankheit; es ist der Ärger mit den Berufskollegen; der Leistungsstress und anderes mehr."

Wir sollten diese Schuldzuweisungen an andere ablegen! Sie sind negative Gedanken.

Nehmen wir uns zurück, machen wir uns bewusst, dass jeder negative Gedanke ein Bumerang ist: Er kommt auf uns zurück, verschattet die Seele und verschließt allmählich die Tür des Kerkers, unseres menschlichen Ichs. Wollen wir gesund sein, müssen positive Energien von der Seele in den Körper fließen können. Negative Gedanken, Worte und Handlungen dagegen bauen nach und nach starke Mauern und verriegeln die

Tür der Seele zu unserem Körper. Das bedeutet Energiearmut im Körper. Die Folgen sind Krankheit, Leid, Sorge und Not.

Energiearmut lässt sich im Organismus nachweisen; z.B. als Schwäche der Hirnanhangdrüse, der Zirbeldrüse und eine Schwäche aller angeschlossenen Drüsen. Schauen wir die Organe im Ultraschall an, so finden wir sie durchweg echoarm; die Hormonspiegel liegen im untersten Normbereich. Auch das Blutbild ist geschwächt. Häufig besteht eine Armut an Eisen; die Zahl der Lymphozyten – einer bestimmten Form von weißen Blutkörperchen – tendiert nach unten.

Eine Reihe von Indizien zeigen also die Energiearmut an.

Denken wir längere Zeit negativ, hasserfüllt oder neidisch, so führt das zu einer bestimmten Art von Verkrampfung. Sind unsere Blutgefäße, insbesondere die kleinsten, die Kapillaren, verkrampft, dann kann nicht genügend neuer Sauerstoff, also Energie, an die jeweiligen Organzellen herankommen. Sie sind arm an Energie, und sie leiden.

Der rote Blutstoff mit dem Eisen darin ist der wichtigste Energieträger im Körper, und er kann nur zu jeder Zelle im Körper gelangen, wenn die Bahn dorthin frei ist.

Energiearmut im Körper ist die Armut einer schwachen Seele. Sie vermag nur wenig Energie von Gott aufzunehmen, und dementsprechend kann sie auch nur wenig Energie in den Körper geben.

Der Mensch hat sich also durch seine Gedanken, Worte und Taten von der Lebensenergie, Gott, abgewandt. Ähnlich, wie sich ein Teil der Erde im Rhythmus von Tag und Nacht von der Sonne abwendet, so wendet sich auch der Mensch von Gott ab durch ein Denken und Leben, das nicht im Einklang ist mit den ewigen Gesetzen. Infolgedessen wird der Mensch energiearm.

Wendet sich ein Erdteil von der Sonne ab, so wird es auf ihm dunkel und kälter. Alle Wachstums-, alle Lebensprozesse werden schwächer, kommen zur Ruhe oder zum Stillstand. So geschieht es im Wechsel zwischen Tag und Nacht. Wird dieser Wechsel nicht mehr aufrechterhalten, dauert also die Abwendung vom Licht, vom Göttlichen, zu lange, dann stirbt das Leben ab.

So ist es auch im Geistigen. Wendet sich der Mensch von seiner Sonne, von Gott, zu lange ab, dann mangelt es ihm an Energie, und das Leben verkümmert. Er wird krank, müde, schwach. Oftmals treten Schwierigkeiten, Probleme, Nöte oder Schicksalsschläge in sein Leben.

Wir müssen erkennen: Wir sind für unser Leben verantwortlich. Für alles, was wir empfinden, denken, sprechen und tun, tragen wir selbst die Verantwortung. Denn niemand anders kann uns dazu bringen, uns von Gott abzuwenden als wir selbst.

Deshalb ist der erste Schritt zur Ganzheitsheilung die Einsicht, dass wir selbst die Verantwortung für uns haben und sie keinem anderen zuschieben können. Diese Verantwortung kann auch kein anderer für uns übernehmen. Nur wir selbst sind für unsere Gedanken und Handlungen verantwortlich – nicht der andere, unser Nächster. *Wir* haben sie gedacht, *wir* haben falsch gehandelt.

Wohl kann der Nächste ein Auslöser für ein Geschehen sein – er kann in uns jedoch nur das auslösen, was in uns schon vorhanden ist. Was nicht schon in uns ist, kann auch nicht in uns ins Schwingen kommen, kann in uns keine Resonanz finden.

Der nächste Schritt ist deshalb, dass wir aufhören, unsere Mitmenschen für unsere Situation verantwortlich zu machen.

Provoziert uns beispielsweise ein Mensch, dann ist nicht die Provokation das, was uns belastet, was eventuell unseren Blutdruck ansteigen lässt, sondern es sind unsere eigenen Gedanken, zu denen wir uns haben hinreißen lassen – also das, was der Nächste in uns ausgelöst hat. Er löste die Bewegung in uns aus, weil in uns Entsprechendes vorliegt. Wir haben mit ihm in dem Punkt eine sogenannte Entsprechung.

Für unsere Aufwallung und für unsere hohen Blutdruckwerte ist also unsere eigene Gedankenwelt die Ursache – und nicht die Gedankenwelt unseres Nächsten. Wir handeln negativ – und wir tragen die Folgen.

Liegt keine Entsprechung in uns, dann können wir auf die Provokation in Ruhe reagieren, ohne dass eine Gefühlsaufwallung in uns entsteht.

Von Krankheit und von Belastungen frei werden durch die umwandelnde Kraft Christi

Machen wir uns noch einmal bewusst: Der Weg zur inneren Heilung beginnt damit, dass wir unsere eigenen Schwächen erkennen und überwinden, dass wir unsere Fehler anschauen und uns vornehmen, sie nicht mehr zu wiederholen. Erst dann ist echte Reue möglich. Wer ehrlich bereut, wird um Vergebung bitten und selbst vergeben können und damit die Kraft erhalten, nicht mehr vor seinem menschlichen Ich zu kapitulieren. In uns fließen sodann vermehrt positive Kräfte ein, Energien also, die unseren Leib heilen, da unsere Seele lichter wird.

Diese positiven Energien, die in uns einfließen, kommen von Gott. Sie entstehen durch die Umwandlung des Negativen, das wir anschauen und bearbeiten.

Die Kraft zur Umwandlung des Negativen in das Positive ist die Kraft Christi in uns. Wandeln wir uns, so transformiert die Erlöserkraft Christi unsere Belastung wieder in fließende Gottesenergie, und diese Energie ist die Heilkraft, die dann in Seele und Leib wirksam wird.

Erst, wenn wir uns selbst erschüttern lassen durch die Einsicht, dass wir uns jahrelang selbst belogen, selbst geblendet und selbst getäuscht haben, indem wir unsere eigenen Fehler nicht anschauen wollten, uns eine heile Welt vorgaukelten – erst dann sind wir bereit, uns zu ändern und Gott in uns die Ehre zu geben durch ein uneingeschränktes Vertrauen zu Ihm.

Erst dann ist Ganzheitsheilung möglich. Dann kann Gott uns Seine Kräfte schenken, und so es gut ist für unsere Seele und für unseren Körper, wird Heilung die Folge sein.

Gott weiß, ob wir gleiche oder ähnliche Fehler – also Sünden – nicht mehr tun werden. Gott kennt unsere Seele und weiß, was unter Umständen für uns noch im Verborgenen liegt. Bestehen keine gravierenden Ursachen mehr, dann ist wirkliche Heilung möglich.

Jesus von Nazareth sagte: „Gehe hin, und sündige fortan nicht mehr“, das heißt: Die Ursache der Erkrankung, die jetzt beseitigt war, sollte nicht noch einmal entstehen. Er sprach es sogar deutlich aus: „Deine Sünden sind dir vergeben." Sagen wir es mit unseren Worten: Die Ursachen, die der Krankheit zugrunde lagen, sind bereinigt. Und so du dieselbe Sünde nicht wieder begehst, dieselbe Ursache nicht wieder setzt, so wirst du gesund bleiben.

Weil dies nicht bei jedem Menschen, der um Heilung bat, gegeben war, konnte Jesus von Nazareth auch nicht jede Krankheit heilen.

Eine Ganzheitsheilung kann nicht erfolgen, solange weitere schwerwiegende Ursachen zugrunde liegen, die unter Umständen erst bereinigt oder abgetragen werden müssen. Eventuell sind Hilfe und Linderung möglich; eventuell muss dieser Krankheitskomplex nicht voll ausgetragen werden, aber der Patient wird in diesem Fall keine gänzliche Heilung erfahren können.

Deshalb sollte ein Heilungsuchender niemals resignieren. Von Gott kommt immer Hilfe. Doch ob uns auch immer Heilung zuteilwerden kann – das bestimmen wir selbst.

Der erste Schritt: die Selbsterkenntnis

Die Selbsterkenntnis ist ein grundlegender Schritt zur Wandlung unseres Lebens; sie ist der erste Schritt auf dem Weg zur inneren Heilung.

Einige Fragen, die zur Selbsterkenntnis helfen können:

- Welche Probleme – eventuell sogar verdrängte Probleme – oder welche offensichtlichen oder verdrängten Konflikte stehen hinter der Erkrankung? Was läuft also im Kerker unseres menschlichen Ichs ab?

  Prüfen wir:

- Inwieweit bestehen in uns Ängste oder Machtansprüche?
- Inwieweit wirken wir beherrschend, bedrängend und bindend auf unsere Mitmenschen ein?
- Vielleicht haben wir in jahrelangem Fehlverhalten unsere Ängste genährt oder Machtansprüche zur Glut entfacht?

Eine weitere Hilfe zur Selbsterkenntnis sind auch folgende Fragen:

- Geben wir unseren Eltern die Schuld, weil unsere Kindheit und Jugend nicht so verlief, wie wir es uns vorgestellt haben?
- Sind wir gekränkt, weil unser Partner uns die Liebe vorenthält, die wir von ihm wünschen – die er uns aber gar nicht geben kann, weil er sie nicht besitzt?
- Versuchen wir, durch Überredungskünste andere an uns zu binden?
- Sind wir auf einen Menschen eifersüchtig?
- Haben wir uns von der Liebe oder Zuwendung anderer abhängig gemacht?
- Wem misstrauen wir?
- Wen hassen wir?
- Wie sieht es aus mit dem Stolz und mit der Habgier?
- Werten wir Menschen ab? Wen?
- Brauchen wir Menschen, mit denen wir versuchen, unser eigenes Ansehen zu lieben und uns aufzuwerten?

- Haben wir noch Gefühle und Gedanken der Rache gegen Menschen, von denen wir verletzt wurden?

All diese Fragen weisen auf menschliches Fehlverhalten hin. Auf *unser* Fehlverhalten. Nicht unser Nächster kann dieses beheben. Der Fehler, der Mangel, den wir verspüren, liegt bei uns und in uns – und nur wir können daran etwas ändern.

Gott ist in allem, auch in unserem Nächsten. Wer also beispielsweise Rache an Mitmenschen nehmen möchte, der versündigt sich gegen Gott, weil Gott in allem ist.

Sind wir gegen einen Menschen, gleich, ob in Gefühlen, Gedanken, Worten oder Handlungen, dann sind wir damit auch gegen Gott – gegen die Liebe-Energie, die gesund erhält und gesund zu machen vermag. Alle Arten von Fehlverhalten fallen auf uns selbst zurück und bewirken in uns Entmutigung, Hoffnungslosigkeit und Verzweiflung – unter Umständen sogar bis hin zu Selbstmordgedanken, weil man sich verlassen glaubt. Sie können auch zu Krankheiten führen.

In allem Negativen ist Gott die positive Kraft

Haben wir uns selbst erkannt, so besteht kein Grund, nun noch zu verzagen – denn in der Selbsterkenntnis liegt schon die Kraft zur Überwindung des Übels.

Kehren wir also jetzt um! Jetzt, in diesem Augenblick – denn jeder Augenblick ist kostbar. Danken wir Gott, dass Er uns beisteht, den selbstgezimmerten Kerker unseres menschlichen Ichs zu sprengen – damit Seele und Leib heilen.

Danken wir Gott, sowohl im Leid als auch im Schmerz!

Bejahen wir – einerlei, wie der Körper reagiert – die Gesundheit!

Bejahen wir in der Krankheit die Gesundheit, das Gute! Dann wird die Kraft des Herrn aktiv werden.

Nützen wir die Augenblicke des Leides in unserem Leben! Sie sind kostbar.

Das Gute, die helfende, heilende Kraft – Gott – wird dann wirksam, wenn wir unser Fehlverhalten, das zur Krankheit geführt hat, erkennen. Gehen wir den Weg der Bereinigung, so aktivieren wir die positive Kraft, die Lebens- und Heilkraft, also die Kraft der Gesundheit, in der Krankheit. In der Bejahung der Gesundheit bejahen wir die göttliche Kraft in uns; wir erwecken und verstärken sie. Wir vertrauen somit auf die Realität des geistigen Seins, das unvergänglich ist, auf unser ewiges, wahres Wesen. Was wir bejahen, das erkennen wir an, und es wird sich in uns aufbauen. Was wir nicht bejahen und nicht anerkennen, das muss letzten Endes von uns weichen.

So können wir die Gesundheit bejahen, auch wenn der Körper momentan eine Krankheit zeigt. Positives Denken ist immer positiv in seiner Auswirkung; denn positives Denken ist Leben, ist Kraft für Seele und Leib.

Gott zu danken, auch im Leid und im Schmerz – das fällt vielen Menschen nicht leicht.

Der erste Schritt dorthin ist, zu erkennen, dass uns nicht Gott die Krankheit – also das Leid oder den Schmerz – gesandt hat. Wir haben uns dieses Leid oder den Schmerz selbst zugefügt. Gott, unser Vater, ist in jedem Augenblick bereit, uns aus dem Schmerz und aus dem Leid herauszuhelfen.

Wir sollten uns daher in jeder Situation Gott anvertrauen. Daraus erwächst der Dank. Denn im Dank an Gott liegt auch die Sicherheit – das Bewusstsein, dass Gott hilft.

Gott schaut nicht nur auf den Leib, Er schaut auf das Unverwesliche, auf die Seele. Denn die Seele soll zurückfinden zum Ursprung ihres Lebens, zu Ihm, Gott, unserem Vater.

Ein Sprichwort sagt: „Im Leid reift die Seele“ – oder: „Not lehrt beten.“ Solange es uns als Menschen gutgeht, verschwenden wir kaum einen Gedanken an Gott. Erst wenn das Leid, das Schicksal, die Not kommt, dann erinnern wir uns wieder an Ihn. Viele Menschen haben diese Erfahrung gemacht: Erst dann, wenn ihnen kein anderer mehr helfen kann, wenn die Medizin versagt, wenn die Schmerzen nicht mehr genommen werden können, dann wendet sich der Mensch oftmals Gott zu.

Patienten berichten häufig, dass ihre Krankheit eine Wende in ihrem Leben eingeleitet habe. Sie hatten zum Teil sehr oberflächlich gelebt oder standen im Streit mit ihren Verwandten; sie gingen einen Weg, der in die falsche Richtung führte. Zum Zeitpunkt der Krankheit hatten sie vielfach noch nicht erkannt, welche Gnade darin lag, aber einige Zeit später haben sie erfahren, dass sie ohne die Krankheit weiterhin falsch gelebt hätten. Erst aufgrund der Krankheit erfolgte die Weichenstellung für den richtigen Weg.

Entlarve dein menschliches Ich, um frei zu werden

Jeder Augenblick will uns etwas sagen – er will uns auch unser menschliches Fehlverhalten zeigen. Öffnen wir die Tür unseres Kerkers, des menschlichen Ichs – und das heilende Licht des Herrn wirkt in uns!

Innere Heilung ist nur dann möglich, wenn Zorn, Schmerz, Aggressionen, Feindschaft, Rachegefühle, Lieblosigkeit und Erwartungshaltungen abgebaut werden. Gott hilft uns dabei.

Möchten Unruhe und Zweifel sich wieder einschleichen, dann greifen wir zu einer guten Lektüre, die Worte des Trostes und der Hilfe enthält. Wir empfangen daraus Stärke und Hoffnung und finden so wieder zur inneren und äußeren Ruhe.

Worte des Trostes, die wir in uns hineindenken oder -sprechen, bewirken in uns Festigung und Vertrauen zu Gott. Dann ist es uns wieder leichter möglich, das noch vorhandene negative Menschliche anzuschauen und zu bereinigen, so dass sich die Tür des Kerkers mehr und mehr öffnet, die Mauern unseres Ichs dünner werden – und schließlich einstürzen.

Üben wir uns mehrere Tage darin, Gott unser Vertrauen zu schenken, und in jeder Situation Gott um Hilfe und Beistand anzurufen, dann schwinden allmählich die Zweifel; Hoffnung und Zuversicht treten an ihre Stelle. Sie ermöglichen es uns, die noch vorhandenen Fehler anzuschauen und mit der Kraft des Herrn zu bewältigen.

Je mehr sich die Tür des Kerkers öffnet und die Mauern des Ichs fallen, um so lichter und freundlicher wird es in uns. Dann werden wir die Vorgänge inneren Heilwerdens spüren.

Werden wir uns mehr und mehr bewusst, dass wir nicht nur Menschen sind, sondern im Innersten geistige Wesen, Söhne und Töchter Gottes im Erdenkleid, dann werden wir uns dieses unseres wahren Wesens mehr und mehr bewusst werden, das göttlich ist. Unser wahres Wesen beinhaltet die Feinheit, die Zartheit, das Geradlinige, Aufrechte, das Edle und Gute. Es ist das Selbstlose, das Gebende, das nicht an sich denkt.

Unser menschliches Ich zeigt sich, wenn wir etwas für uns wollen; wenn wir recht haben wollen; wenn wir immer nur für uns selbst sorgen oder für unsere kleine Parzelle, unsere Familie oder unsere Verwandtschaft; wenn wir nicht an unsere Nächsten denken; wenn wir nicht daran denken, dass es auch Gottes Gesetze gibt, dass es Gebote gibt, dass es die Aufforderung des Jesus von Nazareth gibt, nach der Bergpredigt zu leben. Das Ungöttliche, das Ichbezogene, alles, was wir für uns tun – das ist das Ich, und das führt uns im Laufe des ichbezogenen Lebens in einen Kerker, aus dem wir immer schwerer herauskommen.

Es ist ebenfalls Sünde und gehört zum menschlichen Ich, wenn wir an unseren Mitmenschen Rache nehmen möchten, uns also rächen wollen. Zur Belastung unserer Seele führen auch Feindschaft und Feindseligkeiten unseren Mitmenschen gegenüber. Die Feindseligkeit hat viele negative Gedanken; damit belasten wir uns. Das ist die Sünde, das menschliche Ich.

Die Lieblosigkeit ist ebenfalls das menschliche Ich. Alles nur für uns! Jeder soll nur uns dienen! Wir erwarten von unserem Nächsten, dass er auf uns zukommt, dass er uns Worte der Hilfe und des Trostes schenkt. Wir erwarten von ihm, dass er für uns dieses oder jenes tut. Wir erwarten von ihm, dass er heute zu Hause bleibt, obwohl er anderes vorhatte. Wir erwarten sehr viel von ihm. Das alles gehört zur Lieblosigkeit. Das ist das menschliche Ich und somit die Sünde selbst.

Merken wir uns: Das Ich denkt immer an sich! Damit können wir es entlarven.

Die menschliche Ichbezogenheit tarnt sich oft mit Worten der selbstlosen Liebe.

Sagen wir zu einem Mitmenschen: „Ich freue mich, dass es dir gut geht" – so muss es nicht unbedingt das Unpersönliche, das Selbstlose sein, die Liebe Gottes, die durch uns spricht. Hier kommt es sehr auf unsere Unterkommunikationen an. Was liegt hinter unseren Worten? Denken wir so, wie wir sprechen? Fühlen wir so, wie wir sprechen? Oder haben wir die Hoffnung, dass, wenn es dem Nächsten gut geht, auch etwas für uns dabei herausschaut?

Solche Worte könnten auch nur eine Floskel sein. Wir sprechen sie so daher, um unserem

Nächsten etwas zu sagen oder von ihm Abstand zu gewinnen – oder mit ihm ins Gespräch zu kommen, weil wir ihm etwas ganz Wichtiges oder was ganz Besonderes mitteilen möchten.

Das alles ist nicht selbstlos. Schauen wir genau hin, so entdecken wir hinter unseren positiv scheinenden Worten so manche Facette unseres menschlichen Ichs.

Erkennen wir unsere Hintergedanken, unsere Unterkommunikationen, nicht, so kann es gefährlich werden. Denn was wir nicht erkennen, das können wir nicht abstellen, und das wirkt weiter. So bauen wir die Mauern unseres Ichs immer dicker und höher.

Wollen wir unsere Seele befreien, wollen wir einen echten Heilprozess erzielen, dann müssen wir ganz besonders unsere Unterkommunikationen kontrollieren. Wir fragen uns, wenn wir sprechen: Denke und empfinde ich auch so?

Die Selbsterkenntnis ist der erste Schritt zur Besserung, die Voraussetzung, um gesund zu werden. Deshalb sollten wir beachten, dass nicht die Erkenntnis der Fehler unseres Nächsten uns zur Befreiung unserer Seele und zur Gesundheit verhilft. Es geht darum, uns selbst kritisch zu betrachten, in unsere Menschlichkeiten hineinzuschauen, schonungslos uns selbst zu hinterfragen, ob nicht unsere guten Worte nur Schein sind; ob nicht doch dahinter Aggressionen, Depressionen, Feindseligkeiten und vieles mehr stecken – jene Programme, die zum Beispiel zu einer Krankheit geführt haben. Es geht darum, uns selbst – unser niederes Ich – zu entlarven.

Die Phase der Selbsterkenntnis – eine Revolution in unserem Körper

Haben wir einen Aspekt unseres menschlichen Ichs entlarvt und beginnen wir, uns zu ändern, so kann dies in unserem Körper zunächst einmal eine Revolution bewirken. Alles, was vorher starr und verkrampft war, kommt jetzt in Bewegung. So kann es, wie schon erwähnt, zunächst einmal zu einer Erstverschlimmerung kommen.

In der Selbsterkenntnisphase sollte man noch nicht die Heilung erwarten; das Nervensystem wird zunächst einmal unruhig und aufgeregt. In dem Moment der Selbsterkenntnis haben wir die Ursache noch nicht überwunden; wir sind noch nicht zum Positiven vorgestoßen. Durch die Bereinigung des Erkannten kommen wieder Harmonie und ein positiver Rhythmus in den Körper.

Leider ist es üblich, dass der Arzt in der ersten Phase der Krankheit Beruhigungsmittel verordnet, damit gerade diese „Revolution" im Menschen vermieden wird. So wird das, was aufbrechen will, was aus der Seele heraus möchte, um umgewandelt zu werden, wieder zurückgedrängt.

Die Verdrängung ist die Hauptmethode der üblichen Medizin; sowohl im körperlichen Bereich wird eine Krankheit – z.B. mit Cortison oder Antibiotika – unterdrückt und damit dem Körper die Möglichkeit zur Entgiftung genommen. Der seelische Aspekt, die seelische Ursache also, wird zurückgedrängt, indem man den Selbsterkenntnisprozess unterbricht und den Patienten mit äußeren Mitteln „ruhigstellt". Man nimmt ihm gewissermaßen in dem Moment seine Persönlichkeit, seine Fähigkeiten, und macht ihn quasi zum Objekt des Arztes.

Gerade die erste Krankheitsphase könnte fruchtbar für den betroffenen Menschen werden. Sind die Symptome erst verschwunden, hat der Patient häufig keinen Anlass mehr, über die Ursachen nachzudenken. Er bleibt dann derselbe. Sein Leiden war nahezu umsonst. Da das Anstehende nicht behoben, sondern nur aufgeschoben ist, wird ihm Gleiches oder Ähnliches künftig erneut widerfahren.

Der rechte Arzt – ein Instrument Gottes

Ein guter Arzt hilft uns auf vielfältige Art und Weise, damit unser Körper so weit schmerzfrei wird, dass das Licht, die Lebenskraft, in Seele und Leib einströmen kann. Die Arbeit des Arztes können wir durch das Vertrauen zu Gott und auch zu dem Arzt unterstützen – dann ist auch der Arzt geführt und wird das tun, was richtig und gut ist.

Alle Gesetze der Natur sind Gottesgesetze; deshalb ist die ganzheitliche Heilkunde in Verbindung mit der kosmischen Natur-Medizin in Übereinstimmung mit der wahren christlichen Lehre.

Wir brauchen also gute Ärzte, die um die seelischen Ursachen der Krankheit wissen, die aus dem Vertrauen zu Gott die Kraft schöpfen, dem Patienten zu dienen und zu helfen.

Das Kausalgesetz, das für den belasteten Menschen und für die belastete Seele Gültigkeit hat, ist das Gesetz von Saat und Ernte. Innerhalb dieses Gesetzes von Saat und Ernte hat jeder Mensch sein eigenes Gesetz, das er sich selbst geschaffen hat. Wir nennen es auch das Ichgesetz. Es besagt: Was wir an Menschlichem, an Ichbezogenem, in unser Gehirn eingeben, was wir zugleich in unseren Gehirnzellen und in unserer Seele speichern und ebenso in die Speicherplaneten eingeben, das strahlt auch wieder auf uns zurück, aufgrund des Prinzips: „Was ich aussende, das empfange ich. Was ich eingebe, kommt wieder auf mich zurück."

Kein Gedanke geht verloren, weil alles Energie ist. Der Gedanke, den wir aussenden, ist *unser* Gedanke; er strahlt auch wieder auf uns ein. Das gleiche erfolgt mit unseren Gefühlen, Empfindungen, mit unseren Worten und Handlungen. Was wir an Menschlichem aussenden, das ist unser Ichgesetz, *unser* Kausalgesetz im Kausalcomputer der Menschheit – also im gesamten Gesetz von Saat und Ernte.

Über dieses Gesetz sprach schon Jesus von Nazareth; Er war es, der lehrte: „Das, was der Mensch sät, das wird er ernten."

So gibt es im gesamten Universum keinen Zufall. Kommt eine Krankheit auf uns zu, dann ist es etwas, das von uns selbst verursacht worden ist. Die Krankheit ist für uns die Möglichkeit, uns darin zu erkennen, um umzukehren, um wieder den Weg einzuschlagen, den unsere Seele sich wünscht, damit wir wieder zu dem Wesen werden, das wir in Wahrheit sind: ein göttliches Wesen – frei, edel, fein, die selbstlose Liebe.

Geht ein Patient, der um das Kausalgesetz weiß, zu einem Arzt, der diese Gesetzmäßigkeiten ebenfalls kennt und eigene Verwirklichung einbringen kann, so dürfte die Chance groß sein, dass sie miteinander den Weg finden, der zur Lösung und eventuell zur Ganzheitsheilung führen kann.

Die Voraussetzung dafür ist, dass der Arzt seinen Patienten wirklich annimmt, dass er ihn aufnimmt, dass er sich von innen her um ihn bemüht.

Gibt ein Arzt nur angelesenes Wissen an den Patienten weiter, dann wird er die Erfahrung machen, dass der Patient es nicht annimmt, dass er vielleicht sogar allergisch darauf reagiert. Der Arzt kann aus der Reaktion des Patienten ablesen, inwieweit er das, was er weitergibt, selbst erfahren, durchlebt, vielleicht durchlitten hat.

Worte können leer oder gefüllt sein. Ein gesetzmäßiges Wort hat auch einen entsprechenden Erfahrungsinhalt. Hat der Arzt eigene Erfahrungen, dann sind die Worte mit seiner Verwirklichung gefüllt und somit lebendig. Dann ist sein Wort „beseelt“, durchlebt und mit Erfahrungen angereichert; dann klingt es im Nächsten an, weil die Kraft der eigenen Erfahrung dahintersteckt. Der Patient kann daraus mehr entnehmen, als wenn es bloß Wissen ist.

Geistig gesehen, läuft zwischen Arzt und Patient folgendes ab:

Wir haben gehört, Gott ist allgegenwärtig. Infolgedessen ist in jedem Menschen, auch im Patienten, das Göttliche, und dieser göttliche Funke, der im Patienten ist, ist auch im Arzt. Der Arzt hat dann Zugang zum Patienten, wenn er ihn an- und aufnimmt, wenn er nach dem Prinzip „Was ich nicht will, dass man mir tu, das füge ich auch keinem anderen zu" handelt.

Geht der Arzt so auf den Patienten zu, dann tritt er mit dem göttlichen Funken im Nächsten in Kommunikation. Der göttliche Funke ist das Bewusstsein Gottes, das auch im Arzt lebt und ihm Impulse gibt, die ihn wissen lassen, was der Patient wirklich braucht, um seelisch und physisch zu gesunden oder Linderung und Hilfe zu erlangen.

Daraus folgt, dass wir nicht hochkarätige intellektuelle Mediziner brauchen, sondern ethisch und moralisch gefestigte Menschen, die ihr medizinisches Wissen in den Geist Gottes stellen. Ein solcher Arzt ist dann mehr und mehr ein Instrument Gottes.

Das Fachwissen des Arztes ist nicht überflüssig. Es kommt darauf an, wie er sein Wissen und die Möglichkeiten, die ihm seine Wissenschaft bietet, einsetzt. Denn ob der Arzt im richtigen Augenblick die richtige Denkweise hat, hängt vor allem davon ab, ob er ethisch und moralisch gereift ist.

Die Kommunikation zwischen Arzt und Patient muss nicht unbedingt über Worte ablaufen; es ist eine Schwingungskommunikation. Besteht eine solche Verbindung zwischen ihnen, dann wird ein Arzt z.B. niemals Methoden für den Patienten wählen, die er an sich selbst nie anwenden würde. Er wird den Patienten so schonend wie möglich behandeln.

Harmonie erhöht den Schwingungsgrad unseres Körpers. Schaltstellen der Lebensenergie

Auch heute, im Zeitalter der Technik, in dem so viele Menschen Gottes Kraft vergessen haben und mehr auf die Technik und die Fähigkeiten der Menschen bauen, wirkt der Geist Gottes.

Die meisten Menschen gehen von einer falschen Vorstellung aus: Sie glauben, dass nur der Körper der Heilung bedürfe.

Trotz ausgefeilter Technik und ausgeklügelter Methoden für die Behandlung des Körpers erkranken immer mehr Menschen. Und immer wieder hören wir von Krankheitssymptomen, die auch den Ärzten unerklärbar sind.

Der Körper jedoch macht nur sichtbar und spürbar, was in der Seele – dem geistigen Leib in uns – vor sich geht. Das heißt: Wir selbst schaffen die Ursachen der Disharmonie im Körper mit unseren Verstößen gegen die Gesetze der Liebe, des Friedens und des Miteinanders – mit unseren Verstößen gegen die Gesetze der Harmonie also. Sie fallen in unsere Seele und strahlen von dort aus in den Körper. Die Wirkungen sind dann Leid, Schicksalsschläge oder Krankheit des irdischen Leibes.

Diese Zusammenhänge ahnen in unserer Zeit immer mehr Menschen; das Wissen darum gewinnt mehr und mehr Einlass in das Bewusstsein der Erdbevölkerung. Deshalb werden immer mehr Menschen aufgeschlossen für eine Ganzheitsheilung, welche die Seele *und* den Leib umfasst.

Wir wissen, dass alles Leben Schwingung ist, Energie; sie schwingt in verschiedensten Frequenzen. Die Schwingungszahlen sind im geistigen Bereich sehr hoch, im verdichteten Bereich – in der Materie, also auch in unserem Körper – sehr viel niedriger.

Verändern wir nun durch ein Fehlverhalten unser *seelisches* Schwingungsbild, dann reduzieren wir damit auch die Schwingungszahl unseres *Körpers*. Infolgedessen werden wir für Viren und schädliche Bakterien anfällig. Diese können dann das auslösen, was in uns liegt: Krankheit und auch Leid oder Schicksalsschläge.

Wie geschieht dies?

Energie ist Schwingung. Alles Sein – sowohl im Geistigen wie auch auf der Materie – ist Schwingung, entweder höher- oder niedrigschwingend. Also ist auch jeder Gedanke, jede Empfindung Schwingung – Energie, die nicht verloren geht.

Die Umwandlung einer hohen Schwingungszahl in eine niedrige geschieht in unserer Gefühls-, Empfindungs- und Gedankenwelt. Über unsere Gedanken können wir positive, hochschwingende Kräfte heruntertransformieren.

Denken wir negativ, denken wir gegen unseren Nächsten, z.B. feindselig oder aggressiv, dann transformieren wir damit die positive Lebensenergie, die uns täglich vom All-Erhalter des Lebens geschenkt wird, herunter. Wir polen sie um: Aus der positiven Kraft wird eine negative oder niedrigschwingende Energie. Dieses negative Energiepotential ist dann in unserer Seele wirksam und überträgt sich auf den Körper.

Den Umpolungsprozess über unsere Gedankenwelt kann man im Körper teilweise sogar beobachten; die Auswirkung kommt sehr schnell. Die Schaltstelle ist unsere Gefühls-, Empfindungs- und Gedankenwelt.

In unserem menschlichen Körper befinden sich sieben geistige Energieknotenpunkte: die Bewusstseinszentren.

Über die sieben Bewusstseinszentren fließt die Kraft der Seele in den Körper. Sie sind also Schaltstellen der Lebensenergie. Diese sieben Bewusstseinszentren entsprechen den sieben Grundkräften Gottes: Ordnung, Wille, Weisheit, Ernst, Geduld, Liebe und Barmherzigkeit.

Jeder Gedanke, jedes Gefühl, jede Empfindung, jedes Wort und jede Handlung ordnet sich, von seinem Sinngehalt her, automatisch einem Zentrum zu. Werten wir beispielsweise einen unserer Nächsten immer wieder ab, dann zeigt sich in uns die Lieblosigkeit; sie wirkt sich in uns selbst aus.

Es kommt darauf an, in welchen Situationen und Punkten wir den Mitmenschen abwerten; entsprechend belasten wir eines der Bewusstseinszentren – oder mehrere Zentren. Über diese – gleichsam verschatteten – Zentren fließt dann weniger Energie in unseren Körper. Dies hat zur Folge, dass die angeschlossenen Zellen, die Organe weniger Kraft erhalten; sie hungern nach Energie.

Wir Menschen sind häufig aufgebracht, häufig im Stress. Wir gleichen unser Energiedefizit nicht gesetzmäßig aus. Eventuell nehmen wir anregende Genussmittel zu uns, so dass wir kaum merken, dass wir in unserer Schwingung immer mehr abfallen. Infolgedessen bekommen die Organe nicht genügend Energie, auch nicht mehr über die Nahrung. Die gestressten und überforderten Organe, die an jene Zentren angeschlossen sind, die wenig Energie übermitteln, werden müde. Sie leiden mehr und mehr unter dem Energiemangel, und schließlich erkranken sie.

Am Anfang dieser Kette von Ursachen und Wirkungen stand ein negativer Gedanke – am Ende steht die Krankheit. Wir sehen also, welch gewichtige Bedeutung unseren Gedanken zukommt.

Unser Wort, unser Gedanke oder unser Gefühl belastet also eines der Bewusstseinszentren. So, wie wir negativ gedacht haben, so wirkt sich unser Gedanke in einem bestimmten geistigen Zentrum – z.B. im Zentrum der Liebe – aus, und so kommt die Schädigung in den Körper.

Unordentliche Gedanken, eine unordentliche Lebensführung, werden sich folglich auf den Bereich der Ordnung auswirken und eventuell eine entsprechende Schädigung im Körper hervorrufen.

Da alles in allem enthalten ist, weil Gott alles in allem ist, ist auch das Prinzip der Ordnung in allen anderen Zentren als Unterregion enthalten. Infolgedessen kann die Krankheit in allen Regionen des Körpers ausbrechen, obwohl die Ursache die Unordnung in unseren Gedanken ist.

Um diese Schaltstelle geistiger Energie wieder durchlässig zu machen, um wieder ausreichend Lebenskraft zu erhalten, müssen wir uns ändern. Wir müssen also Ordnung schaffen. Hatten wir neidische oder gehässige Gedanken, dann wandeln wir sie um in liebevolle, positive Gedanken.

Verändern wir unsere Empfindungs- und Gedankenwelt zum Positiven, dann verändert sich etwas in uns. Denn: Die göttliche Kraft, die zu niedrigschwingender Energie heruntertransformiert worden war, zu negativen Gedanken und Empfindungen, kann – mit Hilfe der umwandelnden Kraft Christi in uns – wieder höhertransformiert werden.

So, wie ziellose, grüblerische, neidische, eifersüchtige und hasserfüllte Gedanken negative Kräfte sind, die auf die Seele und auf den Leib belastend und zerstörend einwirken, wirken sich umgekehrt positive Gedanken der Zuversicht, der Hoffnung, des Vertrauens, der Bitte um Vergebung und des Vergebens positiv, also aktivierend, auf Seele und Körper aus.

Sind wir in Disharmonie, dann werden wir auch disharmonische Schwingungen anziehen, denn nach dem göttlichen Gesetz zieht Gleiches wiederum Gleiches an. Sind wir ausgewogen, also in Harmonie, dann werden wir heilende Schwingungen anziehen.

Positive, selbstlose Gedanken erhöhen die Schwingung der Seele und des Körpers. Negative Gedanken – also Gedanken, welche die Seele reizen und auch den Körper aufpeitschen – reduzieren die Schwingung der Seele und des Körpers und wirken zerstörend – zunächst auf unser Nervensystem – ein.

Das vegetative Nervensystem ist die Schaltstelle in unserem Körper. Alle unsere negativen und positiven Gedanken wirken sich zuerst im Nervensystem aus: Es verkrampft oder entspannt sich. Dies bewirkt Disharmonie oder Harmonie.

Diese Vorgänge sind im Körper zu beobachten.

Ein Beispiel: Die Gallenblase ist ein Organ, das direkt vom vegetativen Nervensystem abhängig ist; man kann sie im Ultraschall sehr gut beobachten. Bei einem Patienten kann beispielsweise die Gallenblase zunächst ganz verkrampft sein – so, wie nach einer fettreichen Mahlzeit. Erforscht der Patient seine Empfindungs- und Gedankenwelt, dann wird er in sich vermutlich etwas finden – z.B. Ärger oder Aggressionen. Kann er in einem Gespräch erkennen, was seiner Verstimmung zugrunde liegt und kann er diese Ursache bereinigen, dann entspannt sich im Ultraschallbild umgehend die Gallenblase, und ihre Wand wird wieder glatt und schön.

So und ähnlich reagieren die Organe, Gefäße, die Muskeln und Zellen im ganzen Körper, denn das vegetative Nervensystem ist ein sehr verzweigtes und ausgebautes System, das jeden Winkel des menschlichen Körpers erreicht und dort die feinsten Reaktionen auszulösen vermag.

Die Wirkungen über das vegetative Nervensystem sind im physischen, materiellen Bereich nachweisbar anhand von chemischen Veränderungen, anhand von Organveränderungen. Das, was über die Bewusstseinszentren läuft, ist schwer nachzuweisen – da dies eine immaterielle Form von Energieausbreitung ist. Die Auswirkungen kann man jedoch sofort erkennen, z.B. am Hautwiderstand in der Umgebung eines solchen Bewusstseinszentrums. Mit Hilfe von Hautwiderstandsmessungen sind genaue Aussagen möglich.

Die Bewusstseinszentren sind die geistigen Schaltstellen – das Nervensystem beinhaltet die materiellen Schaltstellen. Die Vorgänge in beiden Systemen laufen parallel und wirken ineinander.

Und auf beide – auf die geistigen und auf die materiellen Schaltstellen – wirken alle unsere Gedanken ein, sowohl die positiven als auch die negativen.

Wenn wir nur den materiellen Teil eines Menschen behandeln, ohne den geistigen Teil grundlegend zu berücksichtigen, werden wir eine echte Heilung oder Linderung auf Dauer nicht erzielen.

Mit einer medizinischen Maßnahme, die nur das Äußere in Betracht zieht, nehmen wir nur eine Imprägnierung vor; wir brennen in den Körper etwas ein, worauf er in dem Moment gar nicht anders reagieren kann – er wird quasi vergewaltigt. Die Selbstheilungskräfte des Körpers werden hierbei nicht in Anspruch genommen; doch sind gerade sie das Entscheidende.

Nur wenn die seelische Heilung die Basis bildet, werden die Selbstheilungskräfte des Körpers aktiv.

Jede Empfindung, jeder Gedanke, jedes Wort und jede Handlung wirkt sich also zuerst im Nervensystem aus, in der Schaltstelle unseres Leibes. Bereinigen wir unser negatives Menschliches, das, was wir verursacht haben, nicht, dann fällt es als Ursache in unsere Seele. So gesund oder krank, wie die Empfindungen und Gedanken des Menschen sind, ist deshalb auch seine Seele und ebenfalls sein Körper!

Der Körper ist das Spiegelbild der Seele. Denn was wir an Programmen in unseren Speicher – in das Gehirn – eingeben, das prägt uns, den Menschen, und die Seele. Die Seele nimmt genau das auf, was wir in den Menschen mit unseren Gefühlen, Empfindungen, Gedanken, Worten und Handlungen eingeben. Wir malen uns also selbst wie ein Maler sein Bild. Die Pinsel, die wir zur Hand nehmen, sind unsere Gefühle, unsere Gedanken, unsere Worte und unsere Handlungen.

So zeichnen wir in der Gegenwart den Körper für die Zukunft – und beim Betrachten unseres Körpers in der Gegenwart wird für uns die Zeichnung unserer Vergangenheit sichtbar. Denn unsere Werkzeuge, die Empfindungen, Gefühle,

Gedanken, Worte und Handlungen, auch unsere Sinne, zeichnen, ja prägen uns.

Fassen wir zusammen: Die gesamte Menschheit wird immer kränker und sucht zugleich nach den Ursachen ihrer Krankheiten. Ein großer Teil der Menschheit würde bedeutend weniger Medizin benötigen, wenn die Menschen die richtige Haltung zu sich selbst und zu ihrer Umwelt hätten. Die Haltung beruht auf unseren Empfindungen und Gedanken.

Die richtige Lebenseinstellung, die Haltung also zu uns selbst, zu den Mitmenschen und zu der Umwelt ist ein positives Empfinden, positives Denken, positives Sprechen und positives Handeln. Dies ist die Voraussetzung, um Heilung für die Seele, für das Nervensystem und für den gesamten Körper zu erlangen. Erst, wenn wir unser Empfinden, Denken, Reden und Handeln mit den ewigen Gesetzen in Übereinstimmung bringen – mit den göttlichen Gesetzen, die Frieden, Freiheit, Einheit, wahre Gerechtigkeit und die selbstlose, gebende Liebe beinhalten –, dann ist eine Ganzheitsheilung möglich.

Ergründe und beseitige deine seelischen Fehlhaltungen – und du erlangst die Herrschaft über dich selbst

Die seelischen Leiden und Fehlhaltungen – wie z.B. Minderwertigkeitskomplexe, Schuld- und Angstgefühle oder Abwertung des Nächsten – zeigen Ursachen an, die in der Seele liegen, sind also „seelische Krankheitsbilder". Solchen seelischen Ursachen entsprechen auch bestimmte Krankheiten des Körpers. Diese Ursachen sind Bausteine, mit denen wir unseren Kerker errichtet haben und mit denen wir weiter an ihm bauen.

Dadurch wurden und werden wir Gefangene, Gebundene unserer ichbezogenen, menschlichen Natur.

Dadurch verwehren wir der heilenden Kraft den Zutritt.

Vor der Tür unseres Kerkers steht: „Halt! Eintritt verboten! Hier herrsche ich!" In Wirklichkeit jedoch sind wir die Beherrschten. Unser eigenes Ich beherrscht uns und macht mit uns, was es will. Unsere vielen unkontrollierten Gedanken –

vor allem die negativen, die da- und dorthin schweifen – und z.B. unsere innere Zerrissenheit sind hierfür die Beweise.

Es nützt wenig, die Fehlhaltungen, z.B. das Abwerten eines unserer Nächsten, abstellen zu wollen, ohne die inneren Ursachen zu erkennen. Um an die Wurzel heranzukommen, beobachten wir uns selbst und fragen uns immer wieder: Warum werte ich den Nächsten ab? Was hat dieser Nächste, das mich stört? Was also werte ich ab? Woran liegt es bei mir, dass ich zu dieser Haltung komme? Stellen wir uns diese Fragen nicht, sondern werten weiter ab, dann schaffen wir Ursachen, die eines Tages als Wirkung – z.B. als Krankheit – wieder in unser Leben treten.

Leiden wir unter Ängsten, so können wir fragen: Woraus besteht unsere Angst? Wovor habe ich Angst? Warum habe ich diese Angst? Wo liegt die Wurzel?

Wollen wir wirklich gesund, frei und lebensfroh werden, so kommen wir nicht umhin, unser Ich zu erkennen und all die Ichkomponenten aufzulösen. Deshalb sollten wir nicht jeden Gedanken zulassen, uns also kontrollieren!

Gedanken, die uns nur einmal anfliegen, können wir ohne weiteres entschieden von uns weisen. Sollte uns jedoch ein Gedanke bedrängen, dann werden wir ihn analysieren, das heißt hinterfragen und so nach der Wurzel forschen.

Beseitigen wir diesen Gedanken nur oberflächlich, dann wird aus der Wurzel immer wieder das gleiche Übel hervorsprießen; deshalb: Halt! Eintritt verboten! Auch wenn die Gedanken oder die Wünsche drängen, uns bewegen und herausfordern wollen, sollten wir ihnen trotzdem entgegentreten: „Halt, nicht weiter! Jetzt will ich dich analysieren, will dich erfragen und erforschen, was hinter dir, dem Gedanken, steckt."

Durch diese Ich-Erforschung, durch Selbsterkenntnis und konsequentes Bereinigen lernen wir, uns zu beherrschen, und werden Herr über unsere Gedanken.

Sei wachsam und ehrlich zu dir selbst. Nur wirklich gute Saat bringt gute Ernte

Immer mehr Menschen werden aufmerksam und erkennen, dass viele allgemeine und spezielle Behandlungsmethoden, die allein dem Körper gelten, nur vorübergehend Hilfe oder Linderung bringen und dass das Grundübel dadurch nur überdeckt, nicht aber behoben ist.

Jeder, der nachdenkt, wird sich irgendwann mit folgender Frage beschäftigen müssen: Wenn nichts hilft, wenn kein Arzt ein Mittel und Medikament für die Symptome der Krankheit findet – muss diese dann nicht eine andere Ursache haben?

Die Ursache liegt im Karma, das wirksam wird nach dem Gesetz von Saat und Ernte. Dieses lautet: Was der Mensch sät, das wird er ernten. Und: Mit dem Maß, mit dem der Mensch misst, wird er gemessen werden.

Welcher Christ kennt diese Worte nicht? Und doch nehmen wir diese grundlegenden Aussagen nicht an – oder wir beziehen sie nicht auf uns, sondern vielleicht auf den Nächsten. In *dieser* Hinsicht bin ich jedoch zunächst mir selbst der Nächste.

Wohl kann sich der andere, unser Nächster, an uns versündigen; dann hat er das zu tragen. Wenn *wir* uns an unserem Nächsten versündigen, so haben *wir* das selber zu tragen, auch dann, wenn der andere hierfür der Anlass oder Auslöser war. Wo aber wurde etwas ausgelöst? Doch in uns selbst! Es muss also etwas in uns gelegen haben und vielleicht noch liegen, das angesprochen, also ausgelöst werden konnte!

Jeder hat das zu tragen, was er sich selbst auferlegt hat – und nicht das, was sich andere auferlegen. Jeder Mensch ist also selbst der Verursacher seines Schicksals. Sein Schicksal gehört also ihm und nicht einem anderen – und auch der andere muss seine selbstauferlegte Last selber tragen.

Das Gesetz von Saat und Ernte ist schon erwähnt worden. Wir wollen es nun tiefer erläutern.

Wir wissen bereits: Unsere Saat ist das, was wir denken, was wir empfinden und wie wir handeln.

Das geht in den Acker unserer Seele ein. Die Seele speichert all das, was also unser Leben ist – und das kommt auch über die Seele wieder auf uns zurück. Was wir in unseren Acker hineingelegt haben – z.B. an Gedanken, Worten oder Handlungen gegen unseren Nächsten –, das wird irgendwann als Wirkung auf uns zurückkommen, so dass wir selber ein Schicksal erleiden oder erdulden.

Vielen von uns ist nicht bewusst, welches Ausmaß unsere Saat sehr rasch annehmen kann. Bedenken wir einmal, wie viele Gedanken in einer Minute durch unseren Kopf gehen, und vergessen wir dabei nicht unsere Hintergedanken, die Unterkommunikationen. Multiplizieren wir nun diese Anzahl mit den möglichen wachen Tagminuten; das dann wieder multipliziert mit den Jahren, die wir schon auf dieser Erde sind – begonnen von dem Zeitpunkt an, wo wir selbständig denken und Gut und Böse unterscheiden können. Es kommt eine riesige Anzahl von Gedanken zusammen.

Ziehen wir dann ehrlich Bilanz: Wie viel Prozent dieser Gedanken sind positiv, wohlwollend –

und wie viel Prozent dieser Gedanken sind negativ, abwertend, neidisch? Jeder negative Gedanke ist ein Saatkorn, das im Acker unserer Seele zum Pflänzchen heranreift. So wird uns dann vielleicht die Größenordnung dessen bewusst, was wir in den Acker unserer Seele gesät haben und täglich weiter säen.

Daran sollten wir uns immer wieder erinnern und uns selbst öfter in Frage stellen. Sind wir nicht ehrlich zu uns selbst, so bringen wir eventuell eine Menge negativer Saat ein, ohne dass uns dies bewusst ist.

Wie oft wiegen wir uns in trügerischer Sicherheit, weil wir uns mit der Oberfläche zufriedengeben. Manch einer sagt z.B.: „Ich bin immer lieb und gut; jeder mag mich. Dies kommt auch zurück: Jeder ist zu mir ebenfalls lieb und gut; ich habe hier keine Probleme. Darin zeigt sich doch offensichtlich, dass ich Positives in den Acker meiner Seele eingebe. Infolgedessen müsste auf mich Glück, Zufriedenheit und Gesundheit zurückkommen."

Die Frage nach der Motivation unseres Handelns lässt uns tiefer blicken. Wir könnten hier fragen: Warum bin ich lieb und gut? Ist das, was ich so lieb und gut tue oder denke, selbstlos? Oder: Denke ich dabei an mich, um für mich etwas dadurch zu erwirken?

Nicht selbstlose Gedanken und Worte sind nicht positiv.

Wären wir wirklich immer lieb und gut und das, was an Lebensäußerungen von uns ausgeht, wäre weitgehend positiv, dann müsste das auch in unserem Leben sichtbar sein: Dann würden wir die Gesetze erfüllen; dann wären wir frei, wären dynamisch; dann wären wir ein Mensch, der selbstlos für seinen Nächsten wirkt, wo immer er geht und steht.

Wie merken wir, ob das, was wir so Liebes und Gutes denken, sagen und tun, auch wirklich selbstlos ist?

Die Reaktion unseres Nächsten zeigt uns oft nicht die Wahrheit; denn unserem Nächsten fehlt es zumeist noch – genauso wie uns selbst – an der Unterscheidungsgabe, weil er selbst noch nicht selbstlos ist.

Sind wir zu unserem Nächsten lieb und gut, so streicheln wir gleichsam sein Ich, und er fühlt sich angehoben. Das gleiche kommt dann von ihm zu uns zurück; er ist zu uns ebenfalls freundlich und lieb – und so ergänzen wir uns. Das bedeutet:

Beide „füttern" wir uns mit menschlicher Energie, die das Ich stärkt und uns lange Zeit glauben lässt, uns ginge es gut.

Erst dann, wenn diese positive Resonanz unseres Nächsten, von dem wir uns abhängig gemacht haben, ausfällt, merken wir, was mit uns los ist. Wir merken, dass der andere nur süß spricht, um unsere Gunst, um Anerkennung, Lob, Zuwendung, Bestätigung und Zustimmung zu erhalten. Wir merken, dass wir ihm ebenfalls nach dem Munde sprechen und ihm in Wort und Tat Bücklinge machen, um uns sein Wohlwollen, seine Zustimmung, seine Energie zu erkaufen. Mit Selbstlosigkeit, mit echter Freundschaft und Geschwisterlichkeit hat dies nichts zu tun.

Fehlt also diese Aufwertungsenergie, die Bestätigung unseres menschlichen Ichs, dann kommen wir in ein Energiedefizit; das bedeutet dann, dass wir auf unser menschliches Bewusstsein zurückfallen. Wir werden depressiv, vielleicht aggressiv, traurig, verzweifelt, niedergeschlagen.

Beobachten wir uns nun, wenn wir niedergeschlagen sind, wenn wir energiearm sind, dann sagen uns unsere Gedanken und unsere Gefühle, woran es bei uns mangelt.

Plötzlich erkennen wir, was wir vom anderen wollten – und vielleicht jetzt nicht mehr bekommen. Plötzlich erkennen wir, welche Gedanken hinter unseren scheinbar positiven Gedanken und Worten lagen. So haben wir die Möglichkeit, in der Depression, in der Niedergeschlagenheit, zu erkennen, woran es bei uns mangelt.

Scheinbar Positives kann sich also als Negatives entpuppen, wenn wir nur genauer hinschauen. Es ist daher ratsam, wachsam zu sein.

Leben wir bewusst, dann leben wir im Augenblick und erkennen im Augenblick, was er uns sagen möchte. Das ist die Wachsamkeit, die uns Erkenntnis und Klarheit bringt.

Erfasse deine Empfindungen und Gefühle!

Machen wir uns daran, unsere Gedanken zu beobachten und zu kontrollieren, so werden wir merken, dass es zunächst gar nicht so leicht ist, weil jeden Augenblick sehr viele Gedanken durch unseren Kopf jagen. Unsere Empfindungen sind noch schwerer zu erfassen, und dennoch kommt ihnen eine große Bedeutung zu.

Viele Menschen sind es gewöhnt, alles mit dem Intellekt zu erfassen und mit dem Kopf Lösungen zu suchen. Die so logischen Argumentationen unseres Intellekts, des menschlichen Verstandesdenkens, gehen jedoch meist am eigentlichen Kern der Sache vorbei. So bleiben die gewonnenen Erkenntnisse oberflächlich, und wir finden nicht zu einer echten Lösung.

Ein feineres und weniger trügerisches Instrument sind unsere Empfindungen und Gefühle. Beobachten wir uns selbst, dann werden wir interessante Entdeckungen machen.

Wir merken z.B.: Uns erfasst eine Unruhe, ein merkwürdiges, vielleicht mulmiges Gefühl. Uns wird heiß; wir werden unsicher; der Magen signalisiert uns: Es stimmt etwas nicht. Wir müssen uns kratzen, weil der Kopf juckt; unsere Stimme wird plötzlich belegt; Bewegungen in unserem Mienenspiel, in unserer Gestik werden in uns ausgelöst.

Wir können uns fragen: Warum stolpern wir? Warum schlagen wir die Beine übereinander? Warum stecken wir plötzlich die Hände in die Tasche? Warum lehnen wir uns an den Schrank an? Warum verschränken wir unsere Arme?

All das ist nicht zufällig, sondern wird von der Empfindungswelt gesteuert. Es liegt in uns etwas zugrunde, es bewegt sich etwas in uns, das diese Bewegungen im Äußeren auslöst.

Lassen wir die Empfindungen, all die Bewegungen, die Regungen in unsere Gedankenwelt kommen, dann erfassen wir auch in den Gedanken, dass es einen Grund gibt für unsere Reaktion. Unseren Empfindungen liegt etwas zugrunde. Was?

Um den inneren Vorgängen, die uns bewegen, auf die Spur zu kommen, sollten wir uns in der Situation kurz zurücknehmen, indem wir bewusst ruhig werden; innehalten in dem, was wir gerade tun, innehalten in dem, was wir sprechen – und unsere Empfindungen aufsteigen lassen. Sie formen sich dann in uns zu Gedanken. Diese können wir dann erfassen, und wir erkennen, was der momentanen Situation zugrunde liegt.

Die Welt der menschlichen Empfindungen und Gefühle ist die der Unterkommunikationen. Diese unruhige Empfindungswelt ist menschlich; denn jede Unruhe zeigt an, dass Menschliches, also Niederes, sich bewegt.

Das unruhige Ich, das Menschliche, deutet darauf hin, dass im Acker der Seele Sünden liegen, die sich auf verschiedene Art und Weise zeigen, die dann zu uns sprechen, wenn wir sie in unsere Gedankenwelt emporholen.

Die Abläufe im Unterbewusstsein sind auch Abläufe in unseren Gehirnzellen. Von unseren Gehirnzellen aus ergehen die Impulse, die Informationen an unseren Körper zu unseren Zellen, zu unseren Organen, zu Drüsen, zu Muskeln, Sehnen und Blutgefäßen. Sind diese Informationen Fehlinformationen, also sündhafte Impulse, dann werden wir aufgrund dieser unserer Sünden erkranken, oder ein anderes Schicksal wird uns treffen, wenn wir nicht rechtzeitig bereinigen.

Die Gefahr liegt darin, dass wir die negativen Gefühle und Empfindungen oftmals über viele Monate, sogar Jahre oder Jahrzehnte immer wieder auf gleiche Weise bewegen. Wir beachten sie nicht, messen ihnen kaum mehr Bedeutung zu; sie reuen uns nicht mehr, deshalb bereinigen wir sie nicht – und irgendwann hat das Gefühl, die Empfindung, das Sündhafte, eine Organschädigung hervorgerufen.

Es ist also nicht so sehr der momentane, plötzliche Gedanke oder das einmal auftretende Gefühl, sondern der unruhige Strom, der ständig in unserem Unterbewusstsein mitläuft – und nach einer langen Zeit dann die Wirkung im Körper hervorbringt, wenn wir nicht rechtzeitig aufmerksam werden.

Achten wir also auf das, was wir die Melodie, den Klang unserer Empfindungswelt nennen könnten. Eventuell haben wir uns an gewisse Disharmonien in dieser Melodie, die in unserem Denken, Reden und Handeln, in unserem Leben die ständige „Begleitmusik" ist, schon so gewöhnt, dass wir sie kaum mehr bemerken.

Treffen uns die Wirkungen in diesem Erdenleben noch nicht, so kommt die Stunde der Wahrheit zum Zeitpunkt unseres physischen Todes. Denn wenn unsere Seele das Zeitliche verlässt, dann werden ihr diese Disharmonien schmerzlich bewusst werden, und sie wird erkennen, welchen Ballast an niederem Menschlichem, an Erwartungen, Wünschen, an Wollen, an Neid, Abwertung, Boshaftigkeit, an Vorwürfen, Schuldzuweisungen, an Feindschaft, an Sorgen und anderem mehr sie mitgeschleppt hat.

Warten wir also nicht, bis es „zu spät" ist. Das Erdenleben ist eine Gnadenzeit, in der wir in Kürze vieles bereinigen können. Leben wir bewusst, beobachten wir uns selbst, finden wir die

Disharmonien in unserer Gedankenwelt, in unserer Empfindungs- und Gefühlswelt und lösen wir sie auf – über Reue, Vergebung, Wiedergutmachung und Nicht-wieder-Tun – so wird mehr und mehr der feine, reine Klang, die Urmelodie unseres göttlichen Wesens, hindurchstrahlen, so dass unsere Unterkommunikationen schwinden und mit der Selbstlosigkeit auch Freude, innere Dynamik und Dankbarkeit in unserem Leben Einzug halten.

Die Ursachen derselben Krankheit sind bei jedem Menschen anders

Jeder Mensch empfindet, denkt, spricht und handelt anders als der andere. Jeder Mensch schafft mit seinen Empfindungen und Gedanken, mit seinen Worten und seinem Tun die entsprechenden Ursachen. Diese wirken sich dann im Körper und in der Umgebung des Menschen entsprechend aus.

Da jeder Mensch seine eigenen Ursachen für eine Krankheit schafft, ist die Bezeichnung der Krankheit nach ihrem Erscheinungsbild nur oberflächlich richtig; solange wir jedoch nur das Erscheinungsbild einer Krankheit kennen, nicht aber ihre Ursachen, kann man ihre Ursachen auch nicht angehen und überwinden.

Dies gilt auch bei Krankheiten wie Krebs und Aids.

Man kann nicht pauschal sagen: Krebs und Aids sind unheilbare Krankheiten. Die Krankheit eines Menschen kann scheinbar die gleiche sein wie die seines Nächsten – jedoch nur scheinbar, weil sie im Äußeren ein gleiches Erscheinungsbild hat. Im Seelischen aber liegt jeweils eine andere Ursache zugrunde.

Keine Ursache ist der anderen gleich – ebenso wenig, wie ein Mensch dem anderen aufs Haar gleicht. Wird auch eine Krankheit z.B. als Krebs, Aids oder Rheuma bezeichnet, so liegt hinter jeder einzelnen Erkrankung doch eine andere Ursache; sie hat also einen anderen Ausgangspunkt als die gleiche Krankheit eines anderen Patienten.

Krebs ist nicht gleich Krebs; Aids ist nicht gleich Aids; Rheuma ist nicht gleich Rheuma. Denn: Was lag jeweils zugrunde? Welche Gefühle und Empfindungen waren über lange Zeit in uns abgelaufen? Welche Gedanken und Gedankenketten hatten sich über Jahre in uns abgespult und abgespielt? Welche Gefühls- Empfindungs- und Gedankenwelt hatte sich also aufgebaut, die dann das Krankheitsbild hervorbrachte?

Die meisten Menschen wissen noch nichts oder wenig von diesen kausalen Zusammenhängen. Blicken wir uns um. Wie wird im Falle einer Erkrankung sehr oft gedacht und gehandelt? Ein Mensch gibt dem anderen oder den anderen die Schuld, dass er krank ist. Die Mediziner nennen Viren, Bakterien und anderes als Ursachen für eine Erkrankung und behandeln diese entsprechend. Ist es jedoch möglich, diese oder jene Krankheit einfach nach ihren Symptomen z.B. als Fettstoffwechselstörung oder Arterienverkalkung einzuordnen und dementsprechend gleich zu behandeln?

Verfallen wir in ein Schemadenken, dann sehen wir nur die Symptome, doch nicht die Ursachen, die in jedem Fall anders sind.

Um eine Krankheit von Grund auf heilen zu können, müssen wir erst den Grund der Krankheit finden, die Ursache also – und nicht nur die Wirkung behandeln, das äußere Erscheinungsbild. Die Ursache einer Krankheit kann aber nur erfasst werden, wenn der Arzt nicht von vornherein darauf fixiert ist, stereotyp jene Medizin oder Anwendung zu verordnen, die eben für diese spezielle Krankheit üblich ist.

Das Schemadenken ist die gängige Methode in der herkömmlichen Medizin. Jeder Rheumapatient bekommt ähnliche Mittel. Mehr oder weniger wird jetzt sogar gesetzlich vorgeschrieben, was zu geben ist. Jeder Krebspatient bekommt dasselbe Schema – es heißt ja sogar so: „Schema" – mit Zytostatika und mit Bestrahlung und Operation. Für individuelle Unterschiede wird immer weniger Raum gelassen.

Die Psychologen gehen zwar auf den individuellen Fall ein, aber gerade die Psychoanalyse führt oft dazu, dass viele Patienten dem Nächsten, der Familie, der Verwandtschaft, den Eltern, der Frau, dem Mann, vielleicht sogar den Kindern, die Schuld zuweisen. So finden die Heilungsuchenden nicht zu ihrer eigenen Ursache, nicht zu der Saat, die sie selbst in den Acker der Seele gelegt haben – und sie bleiben im Kerker ihres Ichs gefangen, der eventuell nun einige Gitterstäbe dazubekommen hat. Denn aus Vorwürfen erwächst keine Selbsterkenntnis, und nur aufgrund von Selbsterkenntnis können wir frei werden.

Der Kranke braucht den Seelenarzt

Um dem Patienten – und nicht nur der Krankheitsbezeichnung – gerecht zu werden, müsste der Arzt bereit sein, sich auf den Patienten einzulassen, mit ihm wirklich in Kommunikation zu treten, statt ihn nur als „Fall“ zu sehen.

Der Arzt sollte eben nicht nur Mediziner, sondern auch Seelenarzt sein, der dem Kranken auch hinsichtlich der seelischen Ursachen der Krankheit beratend zur Seite stehen kann. Eine Ganzheitsheilung kann nur bewirkt werden, wenn der Arzt die Gesetze Gottes kennt – und damit auch das Gesetz von Saat und Ernte, das Kausalgesetz. In dem Maße, wie er das Gesetz Gottes an sich selbst verwirklicht hat, kann der Arzt sich in den Kranken hineinspüren. Er kann sich in seine Psyche hineinfühlen, in das Seelische, in die tieferen Schichten seines Bewusstseins, so dass er ihm die richtige Antwort auf seine Fragen geben kann und darin auch die Lösung findet, um von innen her, von der Seele des Patienten her, mit dazu beizutragen, dass dieser Linderung oder Heilung erlangt.

Der Arzt sollte also selber ein seelisch gereifter Mensch sein; ein Mensch, der moralisch und ethisch lebt, damit er über diese seelischen Fähigkeiten seinen Patienten in rechter Weise begegnen kann.

Der Kranke braucht im Arzt den Seelenarzt, der gemeinsam mit ihm den Grund der Krankheit sucht und nicht nur die Wirkung, also die Krankheit des Körpers, behandelt. Der Auslöser der Krankheit liegt im seelischen Bereich und kann nur über die Schwierigkeiten und Probleme des Patienten gefunden werden.

Ideal wäre hier das Zusammenwirken des Arztes mit einem Lebensberater, der die kosmischen Gesetze und das Kausalgesetz aus eigener, bewusster Erfahrung kennt. Eine solche Gemeinschaftsarbeit bewirkt, dass dem Patienten seelisch und auch körperlich geholfen werden kann. Es entstünde auf diese Weise ein Team, das in gemeinsamer Arbeit dem eigentlichen Leid auf die Spur kommt, dem seelischen Leid.

Ein Zeichen der Zeit ist es, dass ein Patient zum Arzt kommt und eben nur schnellstmöglich wieder gesund, also einsatzfähig sein will. Es ist üblich, dass er auch die Verantwortung für seine Krankheit nicht selber tragen möchte, sondern sie dem Arzt überträgt, indem er ihm übermittelt: „Du musst mich in kürzester Zeit wieder hinbekommen."

Es ist durchaus möglich, dass der Arzt die Patienten tatsächlich „hinbekommt". Er gibt die entsprechenden Medikamente, setzt die entsprechenden Mittel ein. Es gibt viele Möglichkeiten, um den Körper in Kürze wieder so weit herzustellen, dass der Mensch wieder arbeitsfähig ist. Doch ist dann die Krankheit behoben? Ist die Ursache der Krankheit nicht wieder in die Seele, in den Seelenacker, zurückgedrängt? Irgendwann kommt sie dann massiver zurück und befällt unter Umständen nicht nur ein, sondern zwei oder drei Organe.

Dieser Prozess zeigt sich häufig in der Praxis: Das Symptom, das äußere Zeichen der ursprünglichen Krankheit, ist dann verschwunden; der Patient fühlt sich wieder wohl; er macht weiter wie bisher; er ändert nichts in seinem Leben. Nach Wochen, Monaten oder auch Jahren kommt jedoch oftmals eine viel schwerere Krankheit auf den Patienten zu, die dann nicht so schnell zu beheben ist. Und bei Krankheiten wie Krebs – das muss auch die Schulmedizin feststellen – sind die Möglichkeiten der Schulmedizin sehr, sehr begrenzt. Der Schluss liegt nahe, dass eine solche Krankheit eine Eskalation, eine Folge früher nicht beachteter Zeichen des Körpers ist, die im Seelischen hätten bereinigt werden sollen.

Dennoch sollte die Tatsache, dass ein Patient so schnell wie möglich wieder gesund sein möchte, an sich positiv gesehen werden: Er möchte wieder tätig werden. Der Arzt sollte den Patienten so weit stützen und ihm helfen, dass er sich im Äußeren wieder einigermaßen wohlfühlt. Die erste Hilfestellung ist wertvoll für den Patienten. Geht es ihm besser, dann kann der Patient vom geistig gereiften Arzt so geführt werden, dass er seine Ursachen erkennt und Schritt für Schritt behebt.

Denn starke Schmerzen bringen eine Verkrampfung der Nerven und bestimmter Körperzellen mit sich; die Lebenskräfte vermögen uns dann nicht hinreichend zu durchdringen; unser Bewusstsein verengt sich. So ist es uns praktisch unmöglich, in unser Inneres zu kommen und an uns selbst zu arbeiten. Ein guter Arzt hilft uns dahingehend, dass wir weitgehend schmerzfrei sind und genügend Kraft haben, um uns den inneren Ursachen der Krankheit zuzuwenden.

Bei jeder Krankheit – ob leicht oder schwer – sollten wir uns immer wieder die Frage stellen: Was will uns die momentane Unpässlichkeit oder Krankheit sagen? Dies ist notwendig, damit wir – ob noch krank oder schon wieder gesund – recht bald die seelischen Ursachen finden, die zur Krankheit geführt haben, um nachhaltig davon frei zu werden.

„Herr, Dein Wille geschieht"

Die Vorgänge, die zur Krankheit führen, die Krankheit selbst – das alles ist Teil des Gesetzes von Saat und Ernte. Über diesem Gesetz von Saat und Ernte besteht ein weiteres Gesetz. Es ist das Absolute Gesetz, das alles durchdringt und in allem als positive Kraft wirksam ist. Das Absolute Gesetz besteht aus den göttlichen Grundkräften des Seins. Einer dieser Grundsätze ist der göttliche Wille, auch das göttliche Es Werde genannt, die bewegende Kraft, die alles zum Guten führt.

Daher sollten wir in all unserem Denken, Reden und Tun den Willen Gottes beachten. Gott ist unser Vater. Er will nicht nur unserer Seele zur Evolution und Reinheit verhelfen; Er möchte, dass es uns auch als Menschen gut geht, dass wir gesund sind, dass wir zu essen haben, dass wir gut wohnen, dass wir glücklich sind und somit in unserem Kind-Bewusstsein, in der Sohn- und Tochterschaft Gottes, leben.

Bereinigen wir unsere Ursachen, unsere Saat, wandeln wir also diese negative Energie in positive Energie um durch die umwandelnde Kraft, den Geist Christi in uns, dann wirkt verstärkt das Absolute Gesetz, das über die Seele dem Körper Linderung und Heilung zu bringen vermag.

Erbitten wir Ganzheitsheilung, so sollte es immer heißen: „Herr, Dein Wille geschieht." Sein Wille aber kann nur dann geschehen, wenn wir unseren niederen Willen, unser niederes Ich, erkennen und Seinem Willen hingeben.

Fügt sich der Mensch Gottes Willen, dann ist es möglich – sofern es gut für die Seele ist –, dass Gottes Wille, das ewige Gesetz, in ihm wirksam wird und der Mensch seelisch und körperlich gesundet. So kann ein Arzt, der die kosmischen Zusammenhänge kennt – oder ein Arzt in Zusammenarbeit mit einem Lebensberater – einem Menschen zur Gesundheit verhelfen.

Dabei erfolgt die Heilung, das Gesundwerden, zuerst in der Seele und in der Folge dann auch im physischen Erscheinungsbild.

Jeder muss ernten, was er selbst gesät hat – auch seine Saat aus Vorinkarnationen

Wir müssen erkennen: Immer mehr Menschen sind bestimmt von ihren „kranken" Empfindungen und Gedanken, ihren negativen Äußerungen, von Neid, Feindschaft, Streit, Missgunst und Habgier. Sie leiden an Minderwertigkeitskomplexen, an Schuld- und Angstgefühlen. Viele resignieren, und immer mehr Menschen suchen Ärzte und Psychotherapeuten auf.

Wer nicht die ewigen Gesetze kennt und den Ablauf der Wirkungen nach dem Kausalgesetz, der denkt bei der Analyse eines vorliegenden Krankheitsbildes nur an den Körper und eventuell noch an das Unterbewusstsein. Jedem Patienten sollte aber das Gesetz von Saat und Ernte erklärt werden. Er sollte erfassen, dass er nur das erntet, was er zuvor selbst gesät hat, nicht das, was ein anderer gesät hat.

Es ist nicht richtig, wenn der Mensch sagt: Mein Nächster ist es, der an meinen Schwierigkeiten und Problemen, an meiner Krankheit und an meinen Minderwertigkeitskomplexen die Schuld trägt. – Wer erntet, hat selbst gesät!

Keiner kann für den Nächsten Negatives säen. Und keiner muss das Negative des anderen ernten! Wir selbst sind die Beweger unseres Lebens. Und wir selbst sind die Verursacher unseres Schicksals. Jeder erntet nur seine eigene negative Saat.

Oft allerdings folgt die Ernte nicht unverzüglich auf die Saat. Es können Jahre, Jahrzehnte, ja ganze Inkarnationen vergehen, bis eine bestimmte Ursache zur Wirkung kommt. Also kann es sein, dass wir lange zuvor einem Nächsten Leid zugefügt haben, der nun uns Kummer bereitet.

Keine Energie geht je verloren. Negative Gedanken, Worte oder Handlungen, die vielleicht schon jahre-, jahrzehnte-, unter Umständen jahrhundertelang in unserer Seele liegen und unbereinigt sind, drängen irgendwann nach oben und wollen bereinigt werden. Aber es sind immer noch unsere Ursachen, ganz gleich, wie alt sie sind.

Gott weiß, ob wir unsere Fehler nicht mehr begehen – und wir wissen es auch. Denn wenn wir unsere Fehler bereinigen und in unsere Gefühlswelt eintauchen, dann erfahren wir in uns selbst, ob wir entschieden sind, diesen erkannten Fehler wirklich nicht mehr zu tun.

Gott weiß, ob unserer Krankheit eine Kollektivschuld zugrunde liegt, das heißt eine Schuld, die wir mit mehreren oder vielen Menschen begangen oder an mehreren verübt haben. Diese Menschen müssten wir um Vergebung bitten.

Oftmals liegen mehrere Ursachen zugrunde. Wir sind nicht immer der Schuldlose, auch wenn wir glauben, der Nächste hätte die größere Schuld. Deshalb ist es gut, zu vergeben und ebenfalls um Vergebung zu bitten.

Die Kollektivschuld wirkt natürlich entsprechend auf uns ein; doch auch hier ist Hilfe gegeben. Wir werden immer wieder an Menschen erinnert, mit denen wir einiges zu bereinigen haben. Es ist auch möglich, dass uns Menschen begegnen; wir kennen sie im Äußeren nicht – und doch fühlen wir plötzlich eine Aufwallung in uns.

Auch diese Aufwallung möchte uns sagen, zwischen unseren Seelen liegt etwas vor, das zur Bereinigung ansteht. Wir müssen nicht wissen, was es ist; dennoch können wir es bereinigen – indem wir über Christus – der ja die Erlösung und die Kraft in jedem von uns ist – um Vergebung bitten und vergeben. Außerdem bitten wir Ihn, den Geist des Lebens in uns, dass Er uns beisteht, die Fehler zu erkennen und nicht mehr zu tun. Dann können wir auch eine Kollektivschuld lösen, so weit, wie uns vergeben wird.

Die Seele des Menschen ist unsterblich. Und was zum Zeitpunkt des Todes noch als Belastung in der Seele liegt, geht nicht verloren. Die Seele nimmt diese Belastungen, die Ursachen, aus dem Erdenleben mit in das jenseitige Leben. Können diese Ursachen im Jenseits nicht bereinigt werden, wählt die Seele oftmals ein neues Erdenleben, um das, was als Ursache in der Seele liegt, in einem weiteren Erdenleben zu bereinigen. Die Reinkarnation der Seele in einen neuen Körper bedeutet: Die Seele ist die alte, der Körper ein neuer.

Viele glauben, es sei gut, kurz vor dem Sterben eines Menschen den Priester zu holen, der dann der Seele und dem Körper die sogenannte letzte Ölung, die Krankensalbung, gibt. Nach allem, was wir nun wissen, sollten wir uns jedoch fragen, ob diese Zeremonie wohl unserer Seele zu helfen vermag. Ursachen werden nicht durch Öl und Weihrauch aus der Seele getilgt, sondern nur durch die Erkenntnis, durch die ehrliche Reue, die Bitte um Vergebung, das Vergeben und das Nicht-mehr-Tun.

Welcher Mensch ist auf dem Sterbebett tatsächlich noch in der Lage, diesen Weg der Bereinigung zu gehen? Ein Mensch beispielsweise war ein vielfacher Betrüger oder Mörder und erkennt dies auf dem Totenbett als Schuld. Selbst wenn er das nun in seinen letzten Erdenstunden bereut – kann ihm die sogenannte letzte Ölung alles hinwegnehmen, so dass er als gesalbte Seele hinübergeht und frei ist von dieser Schuld?

Das ist die irrige Vorstellung der Kirche. Jesus von Nazareth hat solches nicht gelehrt. Er sagte sinngemäß in der Bergpredigt: Gehe hin, dass du dich mit deinem Bruder versöhnst – das heißt: dass du von deinem Opfer Vergebung erlangst –, denn erst dann kann dir dein himmlischer Vater deine Schuld vergeben.

Ernsthaft um Vergebung zu bitten, das ist – auch auf dem Sterbebett – immer zu bejahen. Doch kann dies umgehend das gewünschte Resultat bringen? Bekommt ein Mensch nun die letzte Ölung und bereut er auch seine Taten, so kommt es noch darauf an, ob seine Nächsten, die er betrogen oder ermordet hat oder die er ermorden ließ, als Seelen oder als wieder inkarnierte Menschen bereit sind, ihm zu vergeben. Vergeben sie ihm nicht, dann nützen ihm die Reue und die Bitte um Vergebung zunächst wenig; er wird von dieser Schuld nicht frei. – Und die sogenannte letzte Ölung? Jeder möge sich diese Frage selbst beantworten.

Jesus von Nazareth hat es klar gesagt: „Was dir dein Nächster nicht vergeben hat, das kann dir auch Gott, dein Vater, nicht vergeben."

Noch einmal sei gesagt: Zu bereuen und um Vergebung zu bitten ist niemals umsonst. Es ist die Voraussetzung, der erste Schritt, um den Weg der Bereinigung zu beschreiten – doch damit ist die Bereinigung, die Erlösung von der Schuld, noch nicht vollzogen.

Der Balsam für unsere Seele ist nicht die äußere Ölung durch das Öl, sondern dass wir rechtzeitig unsere Sünden erkennen, diese bereuen und nicht mehr tun.

So hat es Jesus von Nazareth gelehrt. Wer etwas anderes lehrt, mag es so halten – nur soll er nicht behaupten, dass solches die Lehre des Christus Gottes sei.

Wer warnende Impulse beachtet, muss nicht krank werden. Leiden und Leid dienen dem Reifeprozess der Seele

Jede Krankheit deutet darauf hin, dass bei dem Patienten selbst – in seinem Verhalten zu seinen Mitmenschen und sich selbst gegenüber – etwas nicht in Ordnung ist; das heißt: dass sein Denken und Leben nicht in Übereinstimmung mit den kosmischen Gesetzen steht.

Jede einschneidende organische Krankheit ist zugleich eine Krankheit der Seele. Finden wir die zugrunde liegenden seelischen Konflikte und lernen, sie zu beheben, dann wird es uns auch körperlich besser gehen.

Gott ist Gesundheit – und wenn wir die Krankheit sind, dann liegt bei uns das Fehlverhalten zugrunde.

Vor jeder schweren Krankheit – das zeigt die Erfahrung – gibt es eine Reihe kleinerer Krankheiten oder Beschwernisse, die als Hinweise auf die Ursache dienen. Sie sollen uns helfen, die Ursache noch rechtzeitig zu finden, damit die schwere Krankheit dann gar nicht ausbrechen muss.

Von heute auf morgen bricht nicht die schwere Krankheit aus. Es kommen vorher, vielleicht Jahre vorher, verschiedene Impulse – es können kleinere und größere Krankheiten sein, Erinnerungen an Mitmenschen, mit denen wir in Unfrieden auseinandergingen; auch Schwierigkeiten mit unseren Nächsten können uns darauf aufmerksam machen, dass bei uns etwas vorliegt – nämlich genau dasselbe oder Ähnliches wie jenes, was wir an unserem Nächsten auszusetzen haben. All dies und manches mehr sagt uns: Wir sollen auf unsere Gedanken achten, und wir sollen bereinigen, was wir Tag für Tag erkennen.

Bei den Gesprächen mit schwerkranken Patienten erfahren wir immer, dass tatsächlich oft Jahre vor dem Ausbruch ihrer sehr schweren Krankheit irgend etwas geschah, sei es, dass große seelische Erschütterungen passierten, dass ein heftiger Streit oder ähnliches sich ereignete oder Enttäuschungen vorlagen, die nicht verziehen wurden – etwas, das über Jahre hingeschleppt wurde. Der Patient bekam also Hinweise. Statt diese zu bearbeiten und zu lösen, verdrängte er sie jedoch oder wich aus, indem er die Schuld anderen zuschrieb. So schleppte er die Schuld weiter mit sich, bis schließlich die schwere Krankheit ausbrach.

Die Krankheit weicht, Gesundheit tritt an ihre Stelle – wenn es gut für die Seele ist.

Nicht immer ist das für die Seele förderlich und gut, was der Mensch sich zum Wohlergehen der vergänglichen Hülle, seines Körpers, wünscht. Leiden und Leid dienen dem Reifeprozess der Seele.

So manche Seele inkarniert mit der Absicht, von ihrem Maß an Belastungen, an Schuld, einiges in Form von Krankheit, Leid, oder Siechtum abzutragen. Gott – Sein Gesetz, Sein Wille – dient stets in erster Linie der Seele, erst in zweiter Linie der Hülle, dem Körper. Die Krankheit, das Leiden liegt dann also im Plan dieser Seele für dieses Erdenleben.

Für den Reifeprozess der Seele kann eine Krankheit ein Segen sein. Denn jede Krankheit ist eine ausfließende Seelenschuld.

Schwere Krankheiten sind häufig langwierig. Der Prozess der Krankheit erweist sich dabei als ein Schulungsprozess für den Menschen und für die Seele. Der Mensch, der krank, vielleicht sogar behindert ist, muss vieles in seinem Leben überdenken und anders handhaben, als er es in der Vergangenheit konnte. Oftmals werden dabei Tugenden – wie Geduld, Rücksichtnahme, Dankbarkeit und anderes mehr – in der Seele entwickelt. Das ist der Reifungsprozess der Seele.

Oftmals erkennt gerade auch der kranke Mensch, wie es ist, wenn er von anderen Menschen unbeachtet bleibt, wenn sie rücksichtslos oder gleichgültig ihm gegenüberstehen. Daraus lernt dann die Seele: „Was du nicht willst, dass man dir tu, das füg' auch keinem anderen zu."

Es können mehrere Ursachen gekoppelt sein, die zu einer bestimmten Zeit ausbrechen und eine entsprechende Krankheit oder ein schweres Schicksal auslösen. Doch die Ahnung, dass etwas im Anzug ist, erspüren wir schon Jahre vorher. Wir bekommen, wie wir schon gehört haben, entsprechende Impulse über unsere Gefühle und unser Denken oder durch kleinere Krankheiten, die uns etwas sagen wollen. Wir spüren plötzlich Schuldgefühle. Wir spüren, dass Angst emporsteigt und Zweifel an verschiedenen Dingen, auch an Menschen.

Schuldgefühle, Hass, Neid, Angst, Zweifel, Resignation, Lethargie, Abwertung des Nächsten und vieles mehr, stehen in engem Zusammenhang mit körperlichen Leiden. Diese Aspekte des menschlichen Ichs sind Impulse, die uns aufzeigen, dass in unserer Seele größere oder kleinere Ursachen zugrunde liegen. So können wir uns selbst prüfen: Wie hoch ist das Ausmaß unserer Schuldgefühle, unseres Hasses, unseres Neides, unserer Ängste, unserer Zweifel, unserer Resignation, unserer Lethargie oder der Abwertung unseres Nächsten?

Viele Menschen klagen über zu hohen oder zu niederen Blutdruck. Bei beidem kann Angst, Resignation oder Erregung zugrunde liegen.

So manche Drüse unseres Körpers wird müde, weil der Mensch aus Kummer und Enttäuschung, aus beständiger Angst und Sorge so viel Energie abgibt, dass die Drüsentätigkeit nicht mehr nachkommt.

Leid, Kummer, Sorge, Aggressionen, Ängste, Grübeln oder Dauerstress zehren und nagen am Organismus. Verkrampfte Nerven produzieren Giftstoffe, die außerordentlich schädigend wirken. Die Folge kann z.B. auch Krebs sein.

Worte und Gedanken sind Kräfte. Meditative Gedanken

Ist unser Körper erkrankt, sollten wir bestrebt sein, das Schwingungsniveau unserer Seele und unseres Körpers zu erhöhen und stabil zu halten. Dies geschieht vor allem durch ein bewusstes Leben der Verwirklichung. Worte und Gedanken sind Schwingungsträger, sind Kräfte. Hochschwingende Worte sind Labsal für unsere Seele. Sie haben auf unsere Gefühls- und Gedankenwelt und auch auf unsere körperliche Verfassung eine entsprechende Wirkung, denn sie verbinden uns mit der Allharmonie, Gott.

Meditative Worte können auch entsprechende Gefühle und Gedankenbilder in uns wachrufen.

Jeder kann die Erfahrung machen, wie Gedanken und Worte auf den Menschen wirken.

Die nun folgenden meditativen Gedanken haben schon vielen Menschen geholfen. Ängste und Depressionen schwanden, und Friede zog in ihr Inneres ein.

Wir nehmen eine aufrechte, entspannte Sitzhaltung ein. Wir lesen die folgenden Worte langsam. Wir schließen zwischendurch unsere Augen, und lassen in uns das Bild entstehen. Die meditativen Worte können wir auch laut in uns hineinsprechen.

Wir stellen uns den Sommer in seiner Blütenpracht vor:

Wir befinden uns inmitten einer herrlichen Sommerlandschaft. Wir entspannen uns an der wärmenden Sonne und erquicken uns an dem Duft der Blumen und Gräser.

Wir sehen, wie sich Blumen und Gräser im lauen Sommerwind wiegen. Wir spüren auch an uns selbst, wie der Wind unseren Körper umschmeichelt.

Wir hören das Zwitschern der Vögel und das Zirpen der Grillen. Die Natur atmet uns Ruhe zu.

Wir entspannen uns in dieser ruhigen, friedvollen Landschaft. Enttäuschungen und Ärgernisse schwinden. Sie nehmen nun keinen Einfluss mehr auf uns.

Wir sind nun mitten in der Sommerlandschaft.

Nun denken wir friedvolle, vertrauensvolle Worte als Klänge in unser Inneres hinein, zum Beispiel:

Herr, ich vertraue mich Dir ganz an,
denn in Dir ist alles gut,
weil Du das Gute bist.

Meine Befürchtungen, Enttäuschungen
und Ärgernisse übergebe ich Dir.
Alles Menschliche wandelt sich
in Deinem Licht.
Ich bin bereit, das, was zu vergeben ist,
zu vergeben
und selbst um Vergebung zu bitten.
Ich bin bereit, wiedergutzumachen,
was nicht der Ordnung entspricht.

Du bist in mir die Stärke und die Kraft.
In den nächsten Stunden des Tages
werde ich kraftvoll und klar mit Dir
meine Arbeit verrichten.
Dein Geist in mir kennt keine Schranken.

Du bist der allweise, allgegenwärtige Gott,
der mich kennt,
der um alle Dinge weiß,
der für mich sorgt
und durch mich wirkt.
In Dir, o Ewiger, ist alles gut und geordnet.

Ich vertraue auf Dich.

Das noch bestehende Negative wandelt sich
in Positives.
Ich bejahe die positiven Kräfte in mir.
Mit Deiner Kraft, o Ewiger,
gehe ich in die nächsten Stunden des Tages,
an meine Arbeit, die ich verantwortungsvoll
verrichten werde.

Mit dieser kurzen meditativen Betrachtung – oder mit ähnlichen Worten zur Verinnerlichung – können wir uns immer wieder Gott zuwenden.

Nehmen wir uns vor: So oft es uns am Tage möglich ist, erheben wir unsere Sinne heraus aus dem Bedrängenden. Wir meditieren nach innen, um so die Verbindung mit Gott aufrechtzuerhalten. Dann bleibt der innere Friede gewahrt, weil Hoffnung, Zuversicht und Stärke die Seele und den Leib durchdringen.

Es ist Gott.

Mit meditativen Gedanken baut sich allmählich die innere Verbindung zu Gott, unserem Vater, auf. Und diese Verbindung führt uns zu dem Vertrauen, das wir aufbringen müssen, um die ganzheitliche Heilung der Seele und des Körpers erlangen zu können.

Positive Lebenseinstellung durch Umstellen unserer Gedankenwelt

Die Lehre Christi sagt: Erkenne dich selbst! Bereue, bitte um Vergebung und vergib! Mache wieder gut, was du an falschem Tun erkennst und was noch behoben werden kann, und tue nicht mehr, was du als gesetzwidrig erkannt hast. Glaube an das Positive in deinem Leben, und du wirst auch Positives ernten!

Was brauchen wir zu einer seelischen und körperlichen Heilung? Zuerst einmal eine positive Einstellung zum Leben und die Bereitschaft, uns in Gottes Hände zu begeben.

Wir haben dann eine positive Einstellung, wenn wir sowohl im Empfinden als auch im Denken, Reden und Tun uns auf das ausrichten, was wir als positiv erkannt haben, auf Gott und das Göttliche in unserem Leben.

Die vielen Situationen des Tages stellen uns in einem fort vor die Wahl, in ihnen entweder das Positive oder das Negative zu sehen. Gewöhnlich neigen wir dazu, uns vom Negativen beherrschen zu lassen. Doch es heißt: In allem Negativen ist der positive Kern. Diesen positiven Kern zu finden sollten wir uns bemühen – in jeder Situation, bei jeder Begegnung, auch bei jedem Missgeschick.

Die positive Einstellung ist auch dadurch gekennzeichnet, dass wir immer mit und für unseren Nächsten sind, dass wir in unseren Gedanken immer das Beste für unsere Mitmenschen möchten. Weiter gehört dazu, dass wir uns mit unserem Menschlichen nicht niedermachen, sondern das Positive in uns finden, das Gute in uns bejahen, dass wir auch unsere positiven Eigenschaften sehen und sie – so weit es uns möglich ist – im Leben auch anwenden.

Um uns positiv einzustellen, müssen wir unsere Gedankenwelt umstellen – weg von dem „Gegen-den-Nächsten“ hin zum „Für-den-Nächsten“; weg von den Selbstzweifeln und den Minderwertigkeitskomplexen – hin zu einem gesunden Selbst-Bewusstsein, zu der Erkenntnis, dass wir ein positives Wesen, ein Kind Gottes, sind; weg von der Angst, von der Sorge – hin zum Vertrauen, zur Zuversicht.

Erinnern wir uns: Gott ist allgegenwärtig. Er führt uns aus unseren Sorgen heraus, wenn wir uns vertrauensvoll Ihm zuwenden, uns Ihm anvertrauen – und wenn wir geduldig sind. Gottes Hilfe erreicht uns nicht unbedingt von einem zum anderen Augenblick; Er hilft zur rechten Zeit.

Erlangen wir Ausdauer darin, uns Gott in jeder Situation, in Schwierigkeiten, in Sorgen und Problemen anzuvertrauen; denn Gott ist in allem die positive Kraft, die alles zum Guten führt. Er ist das Gute – auch in dem, was uns Sorgen bereitet. Wir dürfen sicher sein: Gott, das Gute, wird aktiv, wenn wir uns in der Sorge, in der Krankheit, in der Not Gott anvertrauen und dieses Vertrauen zu Gott bewahren – auch dann, wenn sich morgen oder übermorgen oder in den nächsten Tagen oder Wochen noch nichts geändert hat.

Nütze die Zeit, das Heute! Die Tagesenergie bringt Selbsterkenntnis und die Kraft zur Überwindung

Der Tag ist ein Geschenk Gottes an jeden Einzelnen. Er hält viele Chancen für uns bereit.

Es gilt, jeden Tag die Fehler, die wir jeweils erkennen, gleich zu bereinigen: unsere Nächsten um Vergebung zu bitten und ihnen zu vergeben – und den heute erkannten Fehler nicht mehr zu tun.

Der Fehler, den wir begangen haben und den wir nun erkennen dürfen, kann unser Helfer werden. Er bringt, wenn wir ihn erkennen, zugleich die Kraft mit, das Erkannte zu bereinigen.

Wenden wir uns also nicht gegen unseren Nächsten, um ihn zu beschuldigen. Zeigen wir statt auf ihn auf uns selbst, indem wir unser eigenes Fehlverhalten, unseren Anteil, unser Versagen, unsere Lieblosigkeit, unsere Schwäche erkennen, so erhalten wir mit unserer Einsicht zugleich Kraft. Das ist die Gabe Gottes an uns;

Er belohnt jeden gesetzmäßigen Schritt des Menschen. Diese Kraft ist uns zur Bereinigung gegeben, aus der uns dann – durch Umwandlung der Negativenergie in positive Energie – weitere Kraft erwächst.

Doch haben wir heute ein Fehlverhalten erkannt, so sollten wir es auch heute bearbeiten und bereinigen. Die Kraft, die uns heute der Tag gebracht hat, die nimmt er auch wieder mit sich. Was wir heute nicht gelöst haben, bleibt als Belastung auf unserer Seele; Weiteres kommt eventuell hinzu, türmt sich unter Umständen zu einem Berg auf, so dass es immer schwerer wird, ihn zu bewältigen.

Handeln wir also noch heute! Rufen wir z.B. heute noch, an dem Tag also, an dem wir es erkannt haben, unseren Nächsten an und bitten ihn um Vergebung! Haben wir etwas entwendet, so machen wir es wieder gut.

Handeln wir nicht unverzüglich, lassen wir die Angelegenheit anstehen, so ist die Chance heute vertan. Morgen kommen wieder ganz andere Situationen auf uns zu. Der Fehler, der uns hätte

Helfer sein wollen, hat schon wieder Abstand von uns genommen, weil ein neuer Tag wieder andere Eindrücke bringt, neue Fehler aufzeigt, die wir ansehen und bereinigen sollten.

Jeder Tag bringt mit den Impulsen, die er uns schenkt, auch die Energie, diese Impulse zu verwerten und in der rechten Weise umzuwandeln. Man kann daher von Tagesenergie sprechen und von Tagesimpulsen. Sie zu nützen ist unsere Aufgabe in der Lebensschule Erde.

Wir sollten unser Herz reinwaschen von dem, was wir täglich an Fehlern und Schwächen, an Sünden, erkennen, denn sie sind unsere Belastungen.

Wichtig dabei sind der Glaube und das Vertrauen. Glauben wir an Gott und Seine heilende Kraft und vertrauen wir darauf, dass Er uns hilft, dann werden wir auch weniger über unsere Krankheit sprechen oder uns vor möglichen Krankheiten fürchten. Mit dem Glauben und dem Vertrauen in Gott entwickeln wir gleichzeitig die positive, heilende Energie in uns.

Durch unsere innere Haltung werden wir auch dem Arzt oder dem Therapeuten, dem wir uns anvertrauen, positive Gedanken entgegenbringen. Wir fühlen uns in Gottes Händen, da wir wissen, bejahen und darauf vertrauen, dass Gott durch das Denken und Tun des Arztes, des Therapeuten wirkt.

Gehen wir wieder auf Gott zu! Gott ist allgegenwärtig – Gott ist überall. Gott ist in unserem Fehler der Helfer. Gott ist das Positive. Gott ist die Kraft, die uns beisteht, das Negative, den Fehler, die Schwäche, umzuwandeln durch Bereinigung.

Es sei noch einmal kurz dargelegt, was geschieht, wenn wir mit unserem Fehler zu Gott kommen.

Gott ist in unserem Inneren; Gott ist das ewige Licht in uns. Bringen wir Ihm unseren Fehler, dann tragen wir unseren Fehler, das Erkannte, in unser Inneres. Durch das Hinsenden zu Gott, durch die Bitte an Gott, stellen wir eine Kommunikation her zu der göttlichen Kraft, die in uns ist: Wir aktivieren in uns und auch in unserem Fehler die positive Kraft, so dass die positive Kraft in unserer Schwäche mit dem Licht in uns selbst, Gott, in Kommunikation tritt. Die göttliche Kraft wandelt dann das Negative in Positives.

Die Umwandlung kann jedoch nur geschehen, wenn wir von unserem Nächsten, an dem wir schuldig wurden, Vergebung erlangen. Vergibt er uns, dann erfolgt diese Wandlung vom Negativen ins Positive – und wir werden frei. Vergibt er uns nicht, dann erfolgt die Wandlung entweder gar nicht, oder nur zum Teil – je nachdem, was zugrunde liegt.

Einzig Gott kann uns die Sünden vergeben, und Er kann sie uns nur nehmen – das heißt, wir können sie mit Seiner Kraft umwandeln –, wenn unser Nächster uns das vergibt, was wir ihm angetan haben.

Nimm die Krankheit an; sie ist dein Lehrmeister

Was auch immer auf uns zukommt – wir sollten es annehmen! Im Annehmen der Krankheit wirkt die Kraft zur Gesundheit. Wir klagen nicht mehr über unsere Krankheit; wir wissen uns in Gottes Hand. Dann kann auch Sein Wille geschehen.

Wissen wir denn, ob uns unsere Krankheit nicht die seelische Gesundheit bringt? Wissen wir, ob nicht dann, wenn wir völlig erschöpft sind, wenn unsere menschliche Willenskraft und die Künste der Ärzte am Ende sind, die Wende eintritt, die Gesundung?

Wir haben unsere Gesundung in der Hand: mit unserer Einstellung zu Gott und zu unserer Krankheit – denn die geistigen Kräfte in uns wachsen, wenn wir trotz aller Widrigkeiten und Umstände den Glauben und das Vertrauen in Gott nicht verlieren. Und wir werden frei und glücklich sein – wie es auch um unsere Krankheit bestellt ist; ob wir sie zu tragen haben oder ob sie sich in Gesundheit wandelt. Gott weiß, was für uns gut ist.

Unsere Krankheit anzunehmen heißt nicht, die Krankheit zu bejahen — ihr also Kraft zuzusprechen. Annehmen heißt: aufhören, darüber zu jammern; aufhören, uns zu beklagen, wie schlimm es uns jetzt geht; aufhören damit, anderen Menschen oder gar Gott die Schuld für unsere Krankheit zu geben. Wir nehmen unsere Krankheit an, wenn wir sie als Lernaufgabe in der Erdenschule akzeptieren, die wir sogleich anpacken und zu lösen bestrebt sind.

Analysieren wir die Krankheit, dann werden wir zwar über unsere Krankheit nachdenken, um die Wurzel des Übels zu finden. Dabei brauchen wir jedoch nicht viel über unsere Krankheitssymptome nachzudenken; stattdessen erforschen wir unsere Gedankenwelt, das, was wir reden, und das, was wir tun.

Haben wir uns im Annehmen des zunächst scheinbar Negativen geübt, so können wir dahin gelangen, Gott zu danken. Wer auch im Leid Gott zu danken vermag, der zeigt Seelengröße. Er hat bereits einige Schritte der Verwirklichung getan.

Die Krankheit des Körpers – das Heil und die Heilung unserer Seele

Die Krankheit des Körpers kann die Heilung und das Heil für unsere Seele sein.

Wir sollten, unabhängig von Krankheit und Gesundheit, nicht ausschließlich auf unseren physischen Körper blicken und uns damit identifizieren. In unserer Seele ist das unsterbliche Wesen, das wir einst waren und zu dem wir wieder werden. Der Zustand unserer Seele ist von Bedeutung.

Wichtig ist, wie unsere Seele nach dem Leibestode in die jenseitigen Welten geht: dunkel oder licht. Dementsprechend ist ihr Aufenthaltsort. Deshalb sollten wir unserer seelischen Gesundheit die größte Aufmerksamkeit schenken.

Nehmen wir die Krankheit, die uns jetzt trifft, wirklich an, dann haben wir die Chance, unserer Seele ein Stück voranzuhelfen. Das wird uns gelingen, wenn wir das tiefe Vertrauen in Gott aufbringen, wenn wir Ihm, unserem Vater, auch dann vertrauen, wenn Seine Hilfe nicht so ausfällt, wie wir, der Mensch, uns das vorstellen.

Die Seele kann aus einem leidvollen Leben oftmals gestärkt und gereinigt hervorgehen. Sie gibt an den Körper Belastungen, Ursachen, ab, die im Körper als Wirkungen – Krankheit, Schmerzen, Leid – sichtbar und spürbar werden. So reinigt sich die Seele. Sie überträgt praktisch dem Körper ihre Schuld, die über ihn ausfließt.

Wir wissen: Nehmen wir Leid und Leiden, unser Schicksal, nicht an, klagen wir und geben anderen die Schuld, so belasten wir uns erneut.

Ebenso belastet sich derjenige, der in die Klagen und das Jammern eines seiner Nächsten mit einstimmt und ihn so darin bestärkt, die Schuld für sein Los bei anderen zu suchen. Gehen wir auf einen Mitleidheischenden ein, so tun wir damit nicht seiner Seele etwas Gutes, sondern nähren sein Ich. Wir spenden ihm dann nur scheinbar Trost; in Wirklichkeit liefern wir ihm Energie für sein Selbstmitleid, aufgrund dessen er nicht zur Selbsterkenntnis findet und sich weitere Schuld auflädt.

Der Zeitpunkt des Sterbens ist in der Seele einprogrammiert; es ist kein fixes Datum, sondern eine Spanne. Nähert sich das Leben nun dem Ende dieser sogenannten Todesspanne, dann ist es möglich, dass die Seele – ihrem Menschen nicht bewusst – oftmals noch in kurzer Zeit viele Belastungen in den Körper legt, so dass sie gereifter und um einiges leichter dieses Erdenleben beenden kann.

Auch hier erkennen wir das Positive, das die Krankheit der Seele bringt: Der Mensch ist in den letzten Monaten seines Lebens vielleicht schwer erkrankt – doch seine Seele atmet auf; sie kann einige ihrer Ursachen in den Körper legen. Ob sie in den Seelenreichen einen Teil dieser Schuld weiter tragen muss oder sie im Erdendasein durch die Krankheit gesühnt ist, das liegt im Komplex der Ursache.

Gott – die Kraftquelle, der Innere Arzt und Heiler

Zusammenfassend sei noch einmal wiederholt:

Die Kraft Gottes in unserer Seele ist auch die heilende Energie für unseren Leib. Es ist der Geist Gottes in uns, die wirkende, heilende Kraft, der Heilige Geist. Er ist der Innere Arzt und Heiler. Bleiben wir in Gottes Obhut, indem wir trotz der äußeren Umstände Seinen Willen bejahen, dann dürfen wir Seine Kraft erfahren: Wir empfangen Wärme, Licht und Kraft. Wir werden ruhig und freudig. Unser Körper entspannt sich, und Zuversicht zieht ein.

Die richtige Einstellung des Patienten zur Krankheit ist also ebenso wichtig wie eine korrekte medizinische Behandlung.

Haben wir Schmerzen, dann sollten wir nicht nur den Arzt rufen, sondern uns auch an Gott wenden. Er ist der Innere Arzt und Heiler. Setzen wir ein unerschütterliches Vertrauen in die

Heilkraft Gottes, so werden wir auch den Ärzten vertrauen können, weil wir in ihnen Gottes Hand wirken sehen.

Die entscheidende Aufgabe des Arztes sollte es sein, mit der medizinischen Behandlung im menschlichen Körper den Weg für Gottes Heilkraft vorzubereiten, damit Gottes Kraft wirksam werden kann.

Gott wird jedoch nur dann in uns wirken, wenn wir unser Denken und Leben ändern!

Zu einer Neuorientierung unseres Denkens und Lebens gehört z.B., dass wir denen vergeben, die uns missachten und uns Übles nachsagen, und sie auch – über Christus – um Vergebung bitten, wenn wir negative Gedanken gegen sie hatten.

Wir sollten jedoch auch die seelischen Ursachen unserer Erkrankung finden. Dazu haben wir viele Helfer: den Arzt, den Therapeuten sowie den Lebensberater – Menschen also, welche die ewigen Gesetze und deren Wirken kennen und aus der eigenen Erfahrung sprechen. Unser Glaube und unser Vertrauen in Gott erweist sich auch in unserem Vertrauen zu den Ärzten und Therapeuten und ihren Behandlungen und Anweisungen.

Welcher Behandlung wir uns auch unterziehen – wir sollten keinem negativen Gedanken und keiner Angst in uns Raum geben, weil wir damit den positiven Kräften entgegenwirken würden.

Es sei wiederholt: Um gesund zu werden, müssen wir unser Vertrauen auch in die Ärzte und Therapeuten setzen – denn auch in ihnen wirkt Gott.

Wir sollten – neben der ärztlichen Betreuung und den praktischen Anwendungen – die größte Kraftquelle nie vergessen: die Heilung aus Gott. Sie kann auch durch die Kraft des Gebetes geschehen. Gott hat auch Helfer unter den Menschen. Es sind jene Menschen, die täglich zu Gott für ihre Mitmenschen beten.

Doch nicht allein das Gebet, nicht allein die Meditation, nicht allein die gute Hilfe durch den Arzt wird uns helfen, sondern der entscheidende Schritt ist die Veränderung unseres Denkens und Lebens.

Das Gebet z.B. *hilft* uns, doch es *verändert* uns nicht! Es hilft uns zur Selbsterkenntnis, hilft uns, dass wir uns ändern – doch es ändert uns nicht.

Ein Gebet, gesprochen, ohne dass wir daraus unsere Lehren ziehen – uns also ändern –, entwickelt nicht die heilende Kraft. Sprechen wir im innigen Gebet Gott, die Kraft des Lebens, an, so erhalten wir Kraft, die wir dazu nutzen sollten, unser Gebet zu verwirklichen.

Disharmonie macht krank. Vom negativen Gedanken zur Krankheit

Betrachten wir noch einmal das Entstehen einer Krankheit unter dem Aspekt von Harmonie und Disharmonie.

Jeder Kranke sollte sich bemühen, die Harmonie und den Frieden zu seinen Mitmenschen herzustellen – zu seiner Familie, zu seinen Freunden und Arbeitskollegen.

Leben Menschen in Übereinstimmung miteinander, sind sich also gegenseitig wohlgesonnen, dann wirkt der Geist Gottes unter ihnen.

Jede Disharmonie wirkt störend auf das Nervensystem und auf alle Organe des Körpers ein. Das kann zu Krankheit führen. Jede Disharmonie ist ein Zeichen dafür, dass die seelischen Kräfte nicht in Übereinstimmung mit den Gotteskräften sind. Unsere Disharmonie will uns sagen, dass wir in uns und in unserer Umgebung Ordnung schaffen sollen, so dass die seelischen Kräfte in uns wieder fließen können. Dies gilt auch bei

Depressionen, die ebenfalls Anzeichen dafür sind, dass im seelischen Bereich einiges nicht in Ordnung ist.

Bereinigen wir die Unordnung in uns und um uns nicht, dann wird eines Tages aus der Seele eine ehemals geschaffene Ursache hervorbrechen und kann zu Krankheit oder zu einem Schicksalsschlag führen.

Disharmonie besteht aus disharmonischen Gefühlen und Gedanken, den Gedanken, die uneins sind mit unserem Nächsten; es sind Gedanken des Vorwurfs, des Streits, vielleicht Neidgedanken; es können abwertende Gedanken sein oder solche, mit denen wir uns selbst aufwerten, um den Nächsten kleiner und uns größer zu machen.

Durch diese negativen Gedanken, die wir immer wieder denken oder worüber wir sprechen, verlieren wir Lebensenergie und gelangen so in einen Bewusstseinsstand oder in einen Frequenzbereich, in dem wir energiearm werden oder energiearm sind. Daraufhin wirkt die Disharmonie dieses Frequenzbereichs auf uns ein.

Eine Energiearmut bereitet das Milieu für das Ausbrechen einer Krankheit vor.

Durch die Energiearmut, die zu Disharmonie in unserer Seele, in unserem Körper und auch in unseren Gedanken führt, bekommen wir eine reduzierte Atmung, eine Kurzatmung. Weil wir nicht durchatmen, versorgen wir unseren Körper nicht genügend mit Sauerstoff; das bewirkt, dass der Resonanzboden unseres Körpers – das Nervensystem – entsprechend geschwächt wird. Die Resonanz des Körpers ist dann durchweg disharmonisch. Unsere Nerven sind unruhig, der Körper verkrampft sich, so dass auch die Organe und weitere Bausteine des Körpers zu wenig Nährstoffe erhalten; der Abbau der Schlackenstoffe erfolgt schleppend.

Wir können hier von einem negativen Kreislauf sprechen: Unsere negativen Gedanken kosten Energie. Diese verlorene Energie schwächt den Körper; der geschwächte Körper kann wieder die Ursache sein für weitere negative Gedanken. So schrauben wir uns Tag für Tag immer tiefer hinunter, bis wir auf einem Niveau angelangt sind, auf dem wir kaum noch umdenken können. Schließlich bricht die Krankheit aus.

Eine hektische oder eine kurze Atmung kann unseren Körper, den Resonanzboden unserer Seele, nicht durchlüften oder durchströmen. Dies wirkt sich auch aus, wenn wir hektisch oder viel sprechen. Dann atmen wir auch nicht richtig; wir geben viel Energie ab.

Vergegenwärtigen wir uns noch einmal, was, geistig gesehen, abläuft – vom negativen Gedanken angefangen bis zum Ausbruch der Krankheit. Durch die Wiederholung prägt es sich besser in uns ein und ermahnt uns rechtzeitig, umzudenken:

Unsere Gedanken werden im Gehirn gespeichert. In unseren Gehirnzellen sind unsere positiven oder negativen Programme. Diese Speicherung im Gehirn geht allmählich in die Seele, in den feinstofflichen Leib über. Der feinstoffliche Leib besteht aus geistigen Partikeln. Die geistigen Partikel nehmen die Schwingungen unserer Gedanken auf.

Was sich in der Seele speichert, das speichert sich auch in sogenannten Reinigungsplaneten; es sind die materiellen Gestirne und die Gestirne der Reinigungsebenen, auf denen die Seelen leben. Unsere Seelen gehen nach dem physischen Tod in eine dieser Reinigungsebenen, entsprechend der Seelenbelastung.

Die geschaffenen Ursachen liegen also in unseren Gehirnzellen, und was längere Zeit nicht bereinigt wird, gelangt in unsere Seele, in die Seelenpartikel; außerdem ist es in den Reinigungsebenen gespeichert.

Über die Gestirne – denn der ganze Kosmos ist in Bewegung, so wie auch wir Menschen in Bewegung sind – kommen Impulse zu uns. Der Impuls, der uns gilt, den nehmen wir auf. Er aktiviert das, was als Ursache in uns liegt. Zuerst geht er in die Seele ein; von der Seele gelangt er über Bewusstseinszentren im Körper zu unseren Gehirnzellen, und von den Gehirnzellen geht die Information wieder an unseren Körper. Auf diese Weise kommen die Ursachen im physischen Leib zur Auswirkung.

Auf dem Weg, wieder zum Ebenbild Gottes zu werden. Stelle rechtzeitig die Weichen

„Werde wieder zu Meinem Ebenbild", so spricht der Ewige zu uns. Unser reiner göttlicher Leib ist das Ebenbild unseres ewigen Vaters im Himmel.

So sind wir alle auf dem Weg heimwärts; wir sind auf der Wanderschaft, um wieder das Ebenbild Gottes zu werden, das wir als reine Wesen sind.

Das Ebenbild Gottes ist die innere Schönheit, die Freiheit, die Klarheit, die selbstlose Liebe – unser wahres Sein.

Sind wir nur auf uns bezogen, nähren wir unser kleines Ich, dann nähren wir unser niederes Selbst. Wir werden zu *unserem* Ebenbild; und *unser* Ebenbild ist unser Ich. So, wie wir empfinden, denken und sprechen, so prägen wir uns selbst; denn das, was wir an Menschlichem – also an Ungöttlichem – schaffen, das geht in die Partikelstruktur unserer Seele ein. Von dort aus strahlt es durch unseren Körper und prägt somit den gesamten Leib. Unsere äußere Struktur, unser ganzes Verhalten, unsere Bewegung, unsere Gestik und Mimik, unser Gesichtsausdruck, unsere Körperform, sind das Ebenbild unserer Gefühle, Empfindungen, Gedanken, Worte und Handlungen.

Junge Menschen sind oft hübsch, weil sie jung sind. Wahre Schönheit jedoch ist die Leuchtkraft, die aus einer gereiften Seele strahlt – unabhängig vom irdischen Alter. Schönheit beruht auf den inneren Werten, auf der Tugend und Reinheit der Seele. Auch aus dem Antlitz eines betagten Menschen kann der Glanz der Güte und Selbstlosigkeit strahlen.

Mit zunehmenden Jahren prägen sich die charakteristischen Aspekte unserer Empfindungs- und Gedankenwelt immer stärker im Äußeren aus. Ein ehrlicher Blick in den Spiegel zeigt uns, welche Aspekte des Menschlichen uns prägen.

Über die Selbstbeobachtung unseres Verhaltens können wir uns erkennen und daraufhin die

Weichen für unser Leben stellen. Dann haben wir die freie Entscheidung: Wollen wir göttlich sein oder ungöttlich, also menschlich, bleiben? Göttlich heißt unter anderem gesund, kräftig, froh, ausgewogen und dynamisch. Menschlich heißt im Verlauf unseres Lebens: müde, schwach, problematisch, zänkisch, kränkelnd und oftmals schwerkrank. Wir selbst entscheiden es – durch unser Empfinden, Denken, Reden und Handeln.

Wer „hört", muss nicht fühlen. Entwickle aus deinen negativen Gedankenbildern das Positive

Auch im Gesetz von Saat und Ernte wirkt die Gnade Gottes. Wie wir schon gehört haben, bekommen wir viele Hinweise, bevor wir die Wirkungen unserer Ursachen tragen müssen! Es lohnt sich, diesbezüglich wachsam zu sein, die Zeit zu nützen und bewusst zu leben.

Beachten wir diese Hinweise, die vielen kleinen und größeren Warnungen, und ändern unser Leben, dann können sich in unserer Seele die Ursachen abbauen; das heißt, wir brauchen dann entweder das sich anbahnende Leid oder die Krankheit nicht zu tragen oder, wenn wir zu tragen haben, dann in abgeschwächter Form.

Wir erkennen also: Gottes Gnade und Liebe ist immer aktiv. Denn Gott, unser Vater, der uns über alles liebt, möchte nicht, dass wir leiden und darben. Er will uns gesund sehen, so wie Er uns in Seinem Inneren ewig schaut – als Sein Ebenbild, als das Kind, den Sohn oder die Tochter der Vollkommenheit.

Seine Liebe strahlt Er uns jeden Augenblick zu, und mit dieser göttlichen Liebe mahnt Er uns auch, umzukehren.

Umdenken und Umkehr stehen also an. Wir gehen dabei von unserer Gedankenwelt aus, die aus Bildern besteht. Lassen wir unsere Gedanken in uns zu einer klaren Form werden, dann zeichnet sich das, was wir gedacht haben, in Bildern auf – ähnlich, wie wenn wir an die Vergangenheit denken; dann läuft die Vergangenheit in Bildern in uns ab, und wir sehen uns darin.

Schauen wir in das hinein, was bildhaft in uns abläuft, dann können wir uns darin finden. Wir erkennen im Bild, was wir ehemals gedacht haben. Wir erfahren, wie wir uns damals verhalten haben. Spüren wir uns hinein in diese bildhafte Darstellung, dann erfassen wir auch, was wir empfunden haben. Auf diese Weise erfassen wir unsere Gefühls- und unsere Empfindungswelt in den Bildern.

Wir blicken also nicht nur auf unseren Gedanken, von dem wir erkennen, dass er nicht gut ist. Wir fragen: Was wohnt dem Gedanken inne? Was liegt dem Gedanken zugrunde, der nicht gut war?

Erkennen wir unser Menschliches in diesen Bildern, dann können wir nun die Veränderung einleiten: die Umkehr vom Negativen hin zum Positiven.

Aus dem Alten, aus den Gedankenmustern, aus diesen Gedankenbildern, können wir das Positive ablesen; denn Gott, das Positive, ist auch in unserem menschlichen Gedankenbild und hilft uns, das zu erkennen, was jetzt zur Bereinigung ansteht.

Tun wir dies in dem Bewusstsein: „Das will ich nicht mehr tun!“, dann werden wir es auch bereinigen. Wir werden den Weg der echten Reue gehen, der Bitte um Vergebung, der Vergebung, eventuell der Wiedergutmachung, so weit uns dies noch möglich ist – und dann erfolgt der feste Vorsatz: „Das *werde* ich nicht mehr tun.“ Und gerade dieser Vorsatz ist ein Positivprogramm, das uns immer wieder ermahnt, wenn wir in Versuchung sind, Gleiches oder Ähnliches wieder zu tun. Diesen Positivprogrammen liegen neue Gedanken, höherschwingende, gesetzmäßige Gedanken zugrunde, die wir uns dann als Leitbilder in unsere Gehirnzellen eingeben, die uns dann immer wieder herausführen, wenn wir in die alten Programme zurückfallen sollten.

Unser physischer Körper ist bestrebt, das Leben zu erhalten

Selbst wenn uns die Krankheit schon ereilt hat, sollten wir nicht resignieren. So, wie in allem Negativen auch das Positive ist, so ist auch in jeder Krankheit der Keim der Gesundheit.

Dies ist auch von der Konstruktion unseres menschlichen Körpers her so vorgesehen. Er ist eine wunderbare Konstruktion, mit Abläufen, die wir bestaunen können. Der menschliche Körper tut grundsätzlich nichts zu seiner Zerstörung; er versucht immer, auch in der schwersten Krankheit, das Leben – auch das physische Leben – zu erhalten.

Wir können das an vielen Funktionen feststellen. Das Fieber zum Beispiel will Fremdkeime, die den Körper schädigen können, zerstören. Sogar der Krebs ist ein Selbstheilungsbestreben des Körpers. Er möchte die fremden Zellen, mit denen er nicht umgehen kann, isolieren und dem

Menschen zeigen: „Tue etwas, bringe sie heraus aus dem Körper! Löse die Negativenergie auf durch dein positives, gesetzmäßiges Denken und Leben.“ So ist es also auch vom Körperlichen her eine Ermahnung an den Menschen, die Ursachen zu finden und zu bereinigen.

Das positive Gedankenbild, ein positives Neuprogramm, hilft uns, frei zu werden

Deshalb sollten wir nicht verzagen! Machen wir uns klar, dass nichts uns dazu zwingt, am Krankheitsbild haften zu bleiben – wenn wir uns entscheiden, die Fesseln unserer Gedanken zu sprengen, die uns an den Zustand von Krankheit und Leid binden. Unsere Gedanken sind enorme Kräfte! Durch bewusstes positives Denken, das wir in Gottes Willen stellen, können wir unserem Befinden, ja unserem ganzen Leben eine positive Wende geben. Wir sollten also umdenken.

Eine wirksame Hilfe ist es, wenn wir in Gedanken ein Bild der Gesundheit von uns malen. Dies kann geschehen, indem wir zu Gott beten und uns in Seinem Lichte gesund und kraftvoll sehen.

Im Vertrauen auf Gott und mit der Bitte, dass Sein Wille in allem geschehen möge, erstellen wir von uns ein sogenanntes positives Gedanken- oder Bewusstseinsbild.

Das Bild sind wir selbst. Wir sehen uns darin wohlauf, voller Lebenskraft, froh, glücklich und frei! Dieses Bild lassen wir immer wieder durch unseren ganzen Körper und durch unsere Seele ziehen. Ob es uns zur Zeit gut geht oder ob wir Schmerzen haben – wir lassen uns nicht irritieren: Wir glauben und vertrauen Gott in uns!

Wir stellen uns vor, dass sich dieses Bild in jeder Zelle, in jedem Organ, in unserem ganzen Organismus widerspiegelt – bis hin zur Seele. Auf diese Weise durchzieht das Bild unser Ober- und Unterbewusstsein und wirkt positiv auf unsere Seele ein. Allmählich werden wir selbst zu diesem Bild. Wir sehen uns dann nur noch kraftvoll, gesund und voller Lebensenergie. Damit aktivieren wir die positiven, göttlichen Kräfte in uns.

Geben wir in unser Gedankenbild Gesundheit ein, dürfen wir jedoch nicht versäumen, gleichzeitig die Tagesenergie zu nützen und das, was sich immer wieder an menschlichen Gedanken oder Empfindungen zeigt, zu bereinigen. Dadurch reinigen sich das Unterbewusstsein und die Seele, so dass wir dann durch und durch von positiven Kräften durchdrungen werden.

Das bedeutet: So, wie wir uns in unserem Bild sehen, so müssen wir auch im Alltag leben. Das wird uns nicht von heute auf morgen gänzlich gelingen. Doch sollten wir konsequent das Erreichen dieses selbstgesteckten Zieles anstreben, indem wir uns konsequent mehr und mehr so verhalten, wie wir es in das Gedankenbild eingegeben haben.

Gott, dem wir vertrauen und dessen Heil- und Lebenskräfte wir um Hilfe bitten, schenkt uns alles, wessen wir bedürfen. Wir müssen jedoch bereit sein zu empfangen.

Wir können auch hohe Ziele wie Verständnis, Güte, Selbstlosigkeit in unser positives Gedankenbild eingeben. Nur müssen wir beachten: So, wie wir es eingeben, sollen wir dann auch in unserem Alltag, im Zusammenleben mit unseren Mitmenschen denken, reden und handeln.

Das Positivbild ist ein Energiepotential; es wirkt. Es strahlt das an, was tief in unserer Seele ist – unser ewiges Wesen. Diesem wohnt eine hohe Kraft inne, die göttliche Kraft. Daher strahlt es auch entsprechend aus, erweckt das Gute in uns und möchte es zur Entfaltung bringen. Es strahlt aber auch das noch vorhandene Negative an, um uns aufzuzeigen, was dem aktiv werdenden positiven Gedankenbild noch entgegensteht.

Die Strahlkraft des ewigen Wesens – dessen Aspekte in unserem Positivbild angesprochen werden – bringt also auch das in Bewegung, was an Verschattung, an Menschlichem, darüberliegt; die Nebel menschlichen Ichs kommen in Wallung. Unser Positivbild regt also auch unsere negativen seelischen und physischen Komponenten, unser Menschliches, an. Durch das Anstoßen unseres Menschlichen wird uns bewusst, was noch in den Unterkommunikationen liegt, was also noch bereinigt werden muss, damit unser Positivbild wirklich greifen kann.

Das bedeutet, dass es uns zunächst schlechter gehen kann, wenn wir das Positive in uns ansprechen und bejahen. Davon sollten wir uns nicht beeindrucken lassen, sondern weiterhin das Positive in uns bejahen. Das aufgestiegene Negative sollten wir mit den Werkzeugen der inneren Arbeit angehen. Ein Bild mag den Vorgang verdeutlichen: Wenn man in ein Glas Wasser Wein hineingießt, so fließt zuerst Wasser heraus. Wenn nun in uns das „Wasser“ aufsteigt, gilt es, gelassen zu bleiben, um es dann mit Hilfe der inneren Kraft in „Wein“ zu verwandeln.

Sind wir zu dieser Arbeit an uns selbst nicht bereit, dann sollten wir lieber davon Abstand nehmen, ein Positivbild überhaupt zu erstellen. Denn damit sprechen wir die höchsten Kräfte des Universums an; mit ihnen sollen wir nicht spielen.

Auch wer die Kraft des positiven Denkens dazu verwenden möchte, der Erfüllung ichbezogener Wünsche näherzukommen, will die höchsten Energien missbrauchen. Eventuell erfüllt sich das, was der Mensch für sich erreichen wollte. Doch dann muss er sich fragen, ob es wohl die reinen, göttlichen Kräfte waren, die ihm dazu verholfen haben – oder Negativenergien, hinter denen unter Umständen Seelen wirken, die ihre Interessen durch den Menschen wahrnehmen, ihre Wünsche durch ihn erfüllen wollen. Erlangen wir Erfolg, Wohlergehen oder Ähnliches auf nicht gesetzmäßigem Wege, so werden wir früher oder später dafür bezahlen müssen.

Rufen wir uns auch hier wieder ins Bewusstsein:

Wesentlich ist, dass wir die Neuorientierung unseres Denkens und Lebens anstreben. Es geht nicht darum, nur ein positives Bild zu schaffen, sondern auch unsere menschlichen Fehler, das Sündhafte, zu erkennen und zu bereinigen — uns z.B. mit unseren Mitmenschen zu versöhnen und mit ihnen in Frieden zu leben. Können wir sagen, dass wir alles dieses tun, so ist noch zu beachten, dass es nur dann wirklich positiv ist, wenn es selbstlos ist, wenn wir also ohne Hintergedanken *für* unseren Nächsten sind – und nicht noch etwas für uns persönlich gewinnen möchten.

Wir sollten uns also prüfen. Unser positives Gedankenbild wird nur dann Gutes bewirken, wenn es nicht zu unserer Ichbezogenheit beiträgt, sondern Schritte in die Selbstlosigkeit, also in ein Leben im Gesetz Gottes, beinhaltet.

Ein Gedankenbild, wie wir es für uns selbst gezeichnet haben, können wir auch für unseren leidenden und kranken Nächsten zeichnen: Wir sehen ihn kraftvoll und gesund. Wir bejahen, dass er als Kind Gottes mit seinem himmlischen Vater verbunden ist und bejahen Gottes Liebe und Güte in ihm. Wir bejahen in ihm die Kraft, von der Krankheit hinwegzudenken, Gedanken der Gesundheit zu denken, und denken ihm die Kraft zur Bejahung von Gesundheit und Lebenskraft zu. Dieses Gedankenbild für unseren Nächsten stellen wir sodann in den Willen Gottes.

Was können wir noch für unsere Mitmenschen tun?

Mit unserem Glauben und unserem Vertrauen zu Gott können wir auch einen pessimistischen, kranken Menschen in unsere „Vertrauensstrahlung“ aufnehmen – und ihm auf diese Weise Kraft zuströmen lassen:

Ein selbstloses Gebet, in das wir keine Erwartung hineinlegen, vermag einen pessimistischen Menschen umzuwandeln. Unsere Gebetskraft strahlt zu ihm und kann ein Umdenken bewirken, so dass sich unser Nächster vertrauens- und glaubensvoll Gott zuwendet. In einem Menschen, der sich wandelt, indem er sich Gott anvertraut, vermögen sodann die heilenden Kräfte zu wirken.

Ob wir Gott für uns um Hilfe und Heilung bitten oder für unseren Nächsten – wir sollten diese Bitte nicht Tag für Tag wiederholen! Haben wir von Herzen darum gebeten und unser Leben – und das unseres Nächsten – in Gottes Willen gelegt, dann sollten wir täglich für Gottes Liebe, Güte und Kraft danken.

Indem wir selbstlos Gott danken, verstärken wir unsere Zuversicht, vertiefen wir das Vertrauen und den Glauben an Gott. Dadurch werden wir ruhiger und gelassener. Unser Inneres füllt sich mit Freude und Dankbarkeit. Unsere Freude und unsere Zuversicht aktivieren noch mehr die Kräfte Gottes in uns und in unserem Nächsten. Auf diese Weise öffnet sich der Kerker unseres menschlichen Ichs – und allmählich auch der Kerker des Ichs unseres Nächsten, für den wir selbstlos beten.

Das heilende Licht strahlt dann über unsere Seele in unseren Kerker, in unseren Leib, und beginnt, auch dort positiv zu wirken. Das gleiche kann sich auch in unserem Nächsten vollziehen.

Es sei noch einmal hervorgehoben: Erst, wenn wir unsere Gedanken und Worte in Übereinstimmung mit der Kraft Gottes bringen, sind Hilfe und Heilung möglich!

Legen wir also unser Denken und Tun in Gottes Hand und bemühen uns, mit unseren Mitmenschen Harmonie und Frieden herzustellen und ihnen Toleranz und Wohlwollen entgegenzubringen, dann wirkt der Geist Gottes durch uns – wir werden gesunden und auch unser Nächster. Denn was wir in Gottes Willen stellen und bei Ihm belassen, das wird auch nach Gottes Willen gefügt.

Die Umwandlung aggressiver Regungen

Die Zusammenhänge von Widrigkeiten unseres Lebens und unserem negativen Empfinden, Denken und Handeln sind einfach. Jeder kann sie begreifen. Dennoch zeigt die Erfahrung, dass es oft nicht ohne weiteres gelingt, dieses Wissen umzusetzen. Ein Grund dafür ist, dass wir größtenteils noch unbewusst und unbedacht dahindenken und -leben.

Das Wissen um diese inneren Zusammenhänge muss mehr und mehr in unser Bewusstsein Eingang finden, so dass die eingefahrenen menschlichen Denkmuster von gesetzmäßigen Abläufen abgelöst werden können.

Die Anwendung des geistigen Wissens erleichtert uns das Umdenken. Deshalb wollen wir im letzten Teil dieses Buches noch einmal in die wesentlichen Aspekte dessen hineinleuchten, was im Vorhergehenden erläutert worden ist.

Vergegenwärtigen wir uns also noch einmal:

Angst, Neid, Hass, Eifersucht und Ärger sind krankheitsfördernd. Auch durch häufige Gefühlsausbrüche beginnen im Körper Prozesse abzulaufen, die zu organischen Störungen führen können. Ständiger Ärger kann zu Bluthochdruck führen und zu den damit verbundenen Herzbeschwerden.

Angst, Neid, Hass, Eifersucht und Ärger richten sich also gegen unseren Körper und zehren ihn gleichsam auf durch die entsprechenden Krankheiten. Der Patient leidet unter Auszehrung.

Immer wieder erkennen wir: Jeder Krankheit liegt eine seelische Ursache zugrunde.

Hat ein Mensch Aggressionen und ist nicht in der Lage, sie durch Bereinigung zu überwinden, so wirken die Aggressionen wie ein Bumerang gegen den eigenen Körper. Es kommt nach einiger Zeit zu einer Auto-Aggressions-Krankheit – der Körper greift sich selbst an. Denn was wir unserem Nächsten antun, das tun wir uns selbst an.

Um das negative Potential der Aggression ins Positive umzuwandeln, sollten wir grundsätzlich beachten, dass das, was uns so in Wallung bringt, weniger mit dem Verhalten unseres Nächsten oder mit der Sachlage zu tun hat als mit unserem Verhältnis zu ihm. Die Frage, die wir an uns selbst stellen, könnte sein: Wie stehe ich zu meinem Nächsten? Welche Eigenschaft an ihm kann ich nicht leiden?

Haben wir erkannt, was uns an unserem Nächsten stört, dann brauchen wir nur noch das Gesetz der Entsprechung anzuwenden. Wir wissen dann, dass dieser Fehler, diese Schwäche, diese Störung auch in uns ist – ganz gleich oder ganz ähnlich. Es ist immer wieder verblüffend, wie treffend uns die Entsprechung unsere Schwächen aufzuzeigen vermag. Allerdings sind wir nicht immer erfreut darüber. Ehrlichkeit zu uns selbst, der Mut zur Wahrheit ist vonnöten.

Eine große Hilfe kann es auch sein, zu wissen: Nichts geschieht uns, für das wir nicht durch ein gleiches oder ähnliches Verhalten die Ursache geschaffen hätten. Was uns trifft – mag es Bosheit, Ungerechtigkeit, Demütigung, Falschheit, Unterdrückung, Verachtung sein oder anderes

Lieblose mehr –, wir selbst haben dies und Ähnliches anderen zugefügt. Diese unsere Schuld bildet den Magneten dafür, dass uns solches nun widerfahren kann. Sind wir imstande, aus diesem Rückschluss auf uns selbst heraus nun uns selbst zu erkennen, anstatt den Nächsten mit Schuldzuweisungen zu bedenken, so wird über die Bereinigung positive Kraft frei. An die Stelle der menschlichen Schwäche tritt innere Stärke, die uns befähigt, fortan über Situationen ähnlicher Art zu stehen.

Auch Rachegefühle und Rachegedanken sind zerstörerische Kräfte. Nicht-Vergeben-Können oder -Wollen beinhaltet ebenfalls viele Gedanken; ebenso, wenn wir nicht um Vergebung bitten wollen. Immer ist es unsere Gedankenwelt, die uns zeigt, was vorliegt.

Gedanken des Vergebens machen uns frei. Vergeben wir nicht, so bleiben wir an das gebunden, was vorliegt, und an unseren Nächsten, dem wir nicht vergeben. Es ist also entscheidend für unser Leben, dass wir unserem Nächsten vergeben und ihn um Vergebung bitten.

Noch einmal sei gesagt: Sofern im Äußeren einiges zwischen uns und unserem Nächsten in Wort oder Tat vorgefallen ist, sollten wir mit diesem persönlich Kontakt aufnehmen und die Angelegenheit direkt bereinigen. Hat sich das Negative in Gedanken und Empfindungen abgespielt, so bitten wir in Gedanken über Christus die Seele unseres Nächsten um Vergebung und vergeben selbst.

Der Umgang mit Fluggedanken und Gedankenkomplexen

In unseren Gedanken können wir uns erkennen. An ihnen können wir ablesen, wo wir stehen, wie hoch oder niedrig unser geistiger Bewusstseinsstand ist.

Kommt ein negativer Gedanke – wie gehen wir damit um? Es kommt darauf an: Ist es ein negativer Gedanke, der uns kurz anfliegt, uns jedoch nicht intensiv und lange bewegt, dann können wir diesem so genannten Fluggedanken positive Gedanken entgegensetzen.

Fliegt uns z.B. ein negativer Gedanke über einen unserer Nächsten an, möglicherweise ein Gedanke der Abwertung, dann könnten wir zu uns selbst sagen: „Weshalb sollte ich diesen Mitmenschen abwerten? Er hat auch viel Positives an sich. Nein, ich denke jetzt über meinen Nächsten positiv. Ich sehe in ihm manches Positive, und das bejahe ich.“ Auf diese Weise setzen wir dem Fluggedanken aufbauende Gedanken entgegen. Tun wir dies mit Entschiedenheit, so werden solche negativen Eindringlinge bei uns nicht „landen" können. Sie werden von uns ziehen.

Kommen jedoch Gedanken, die an uns zehren, die gleichsam an uns nagen, die sich mehr und mehr aufbauen, entstehen daraus Ängste, Ärger und Aggressionen, dann handelt es sich um einen Gedankenkomplex. Mit ihm können wir nicht so verfahren. Wir müssen diesen Komplex anschauen, ihn analysieren, das heißt ergründen, was dieser negative Gedankenkomplex des Ärgers, der Frustration uns sagen möchte.

Um die Ursache dieser negativen Gedanken zu erkennen, gehen wir ins Gebet und bitten Christus um Hilfe; denn der Geist Gottes ist in uns der bewegende und helfende Geist. Wir werden, sofern wir uns wirklich erkennen wollen – über unsere Gedankenwelt, über Geschehnisse, über Worte, die wir hören oder lesen, oder anderes mehr – erfahren, wo in uns die Ursache dieser drängenden Gedanken liegt.

Wollen wir die Ursache bereinigen, dann müssen wir den Weg der Reue gehen.

Nicht immer fällt es leicht, zur Reue zu gelangen. Das aufbegehrende Ich des Menschen möchte gern den Nächsten als den allein Schuldigen ansehen und ihn verurteilen, sich selbst aber als das bedauernswerte Opfer ansehen.

Wir erlangen Reue, wenn wir uns vergegenwärtigen:

Was du nicht willst, dass man dir tu, das füge auch keinem anderen zu.

Wie erginge es uns, wenn das, was wir denken, über uns gedacht würde?

Wie erginge es uns, wenn das, was wir unserem Nächsten getan haben, uns angetan würde? Versetzen wir uns einmal in unseren Nächsten hinein! Vielleicht können wir den Schmerz in uns spüren, den wir unserem Nächsten antaten.

Aus der Einfühlung in unseren Nächsten könnte die Reue erwachsen, aus der Reue die Bitte um Vergebung und die Vergebung – denn meist liegen auf beiden Seiten Ursachen zugrunde. Durch die Reue erwacht in uns der Vorsatz, das erkannte Negative nun nicht mehr zu denken und nicht mehr zu tun.

Die Umwandlung des Negativen in fließende, positive Energie bringt Bewegung in Erstarrtes

Ist der Vorgang des Bereinigens in uns abgeschlossen, dann werden wir künftig wie von selbst diesen negativen Gedanken positive entgegensetzen – denn haben wir dies aufrichtig vollzogen, so entspannt sich das Nervensystem, und unser Unterbewusstsein und unsere Seele können sich von negativer Energie befreien. Dann geschieht in unserer Seele der Umwandlungsprozess: Das Negative wandelt sich in positive Energie. Diese fließt sodann als Lebenskraft dem Körper zu.

Diese Umwandlung ist der geistige Fortschritt, ist das Lichter-Werden in Seele und Leib, ist das Lösen von Erstarrtem, das Freiwerden von Gebundenen – die Erlösung von dem Übel.

Ein Bild: Ist in einem See kein Wasserzu- und -ablauf, so bilden sich Algen; der See wird zum

Tümpel. Schaffen wir die entsprechenden Verhältnisse, so läuft wieder Wasser zu und ab, dann reinigt sich allmählich der See.

Unser Körper, in dem der Strom der Lebensenergie zum Stocken gekommen ist, gleicht einem solchen Tümpel. Schlackenstoffe, Unrat haben sich – sowohl in unserer Seele als auch in unserem Körper – angesammelt. Wir sind krank.

Wandelt sich nun in unserer Seele das Negative, das Tümpelhafte, zur fließenden Energie, so fließt diese dann auch in den Körper hinein. So geraten Krankheit und Unpässlichkeit in Bewegung und können sich zum Positiven wandeln.

Die Nervengifte, die beispielsweise durch die Dauerverkrampfung, durch Hass, Neid, durch unsere Feindseligkeit entstehen, lagern sich an den Nerven ab und behindern so die gute und positive Tätigkeit der Nerven. Fließt nun nichts Positives nach, dann verbleiben sie dort und fügen dem Körper Schaden zu. Kommt aber – um in unserem Bild zu bleiben – frisches Wasser, positive Energie hinzu, dann können diese Gifte ausgespült werden, und es fließt neue Kraft in den Körper.

Zu allen Zeiten gab es Ärzte, die wussten, dass es im menschlichen Körper ein Grundgesetz gibt: Nur das bleibt in guter Funktion, was auch ständig in Bewegung ist. Jede Form von Stillstand führt zur Degeneration, zum Abbau, zum Verlust von Fähigkeiten und von Möglichkeiten. Nur was fließt, ist gut und bleibt lebendig.

Heilung erfolgt über das Nervensystem. Spannungen und Verkrampfungen entstehen durch negatives Denken und Emotionen

Wir hörten bereits: Was von uns ausgeht, kommt wieder auf uns zurück.

So, wie wir in den Wald hineinrufen, so schallt es zurück. Denken wir positiv in unsere Seele und in unseren Körper hinein, dann wird auch wieder Positives aus Seele und Körper herausstrahlen; das Gleiche gilt für das Negative.

Es geht also immer von uns aus; wir selbst sind der Rufer – und wir selbst sind das Echo. Deshalb können wir unseren Nächsten für unsere Fehler und Missgeschicke nicht verantwortlich machen.

Diese Aussagen sind keine Theorie. Die genannten Gesetzmäßigkeiten sind im menschlichen Körper zu beobachten und können auch mit bestimmten Geräten aufgezeichnet werden.

So konnte u.a. die Wirkung von positiven und auch von negativen Gedanken auf das Blut beobachtet und gefilmt werden. Positive, selbstlose Gebetsgedanken z.B. verursachen im Blut eine Entspannung, ein harmonisches Fließen und allgemein eine Kräftigung der roten Blutkörperchen, wie unter einem Mikroskop zu sehen ist. Anders herum: Ein Schreck, ein Schock, ein plötzlicher Angstzustand verkrampft das Blut bzw. die roten Blutkörperchen und führt zu unkontrollierten, disharmonischen Bewegungen im Blut. Unsere Gedanken wirken also konkret auf unser Blut ein. In dem Augenblick, da der Mensch einen positiven oder negativen Gedanken denkt, ist auch die physiologische Wirkung im Körper vorhanden.

Um eine Änderung im körperlichen Bereich herbeizuführen, muss der Mensch jedoch umdenken. Es gibt Fälle, in denen eine Krankheit mit wirklich guten Medikamenten behandelt wird, und dennoch geschieht relativ wenig oder nichts. Erst dann, wenn der Patient erkennt, was er jahre-, teilweise jahrzehntelang falsch gesehen hat, und wenn er sich eines Besseren besinnt, können diese guten Medikamente wirken.

Allgemein ist zu sagen: Die Heilung erfolgt über das Nervensystem. Sind unsere Nerven ruhig, sind wir entspannt, dann können wir auch unsere Gedankenwelt besser erfahren. Wir können das, was auf uns zukommt, besser einordnen, gelassener darauf reagieren und Schwierigkeiten ergründen und bereinigen.

Ist hingegen das Nervensystem verkrampft, so sind wir ständig in Aufruhr und nach außen gerichtet. Deshalb heißt es für uns: Tag für Tag müssen wir üben, um uns von Spannungen freizuhalten, damit wir Schwierigkeiten und Probleme, die der Tag mit sich bringt, richtig erkennen und angehen können.

Üben wir uns auch im Meditieren! In kurzer Zeit können wir lernen, in der Meditation uns selbst Ruhe und Zuversicht zuzusprechen.

Vor allem das morgendliche Gebet und die Meditation geben uns Kraft, die Tagesereignisse richtig zu meistern, eventuelle Erregungen zu zügeln und sie zu analysieren, sofern dies notwendig ist.

Wir sollten nicht jedem negativen Gedanken nachgehen und ihn analysieren. Erst wenn Gedanken – an eine bestimmte Sache, an Angelegenheiten oder an Menschen – häufiger kommen, sollten wir sie uns vornehmen, sie also analysieren, um dahinterzukommen, weshalb sie uns immer wieder beschäftigen oder erregen. Jede längere Erregung zehrt an unserer Lebenskraft und verringert unsere Leistungsfähigkeit.

Ängste sind mit Magneten zu vergleichen: Das, wovor wir uns ängstigen, ziehen wir an. Angst z. B. vor Krebs oder vor Aids zieht diese Krankheiten an. Denken wir, es könnte uns ein Unfall widerfahren, so werden wir unter Umständen einen Unfall erleiden. Mit unseren Ängsten und Vorstellungen manifestieren wir in uns das, was wir befürchten. Es kommt dann auf uns zu.

Merken wir uns: Ärger, Hass, Neid, Feindschaft, Unversöhnlichkeit, vorgegebene Gedankenbilder, negative Worte und Taten sind in ihrer Wirkung den Viren und den schädlichen Bakterien mindestens gleichzusetzen.

Jeder Gedanke drängt zur Verwirklichung. Positives Denken ist stärker als Viren und schädliche Bakterien

Jeder Gedanke drängt zur Verwirklichung! Er möchte sich selbst bestätigen. Er will das ausführen, was er trägt. Er wirkt sich dementsprechend positiv oder negativ aus.

Ein Gedanke, den wir einmal intensiv gedacht haben oder den wir über längere Zeit immer wieder denken, ist also ein konkreter Baustein unserer Zukunft. Wäre uns diese geistige Gesetzmäßigkeit bewusst, dann würden wir danach trachten, unserer Gedanken schleunigst Herr zu werden.

Jeder von uns hat schon erfahren: Vollbringen wir Gutes in unserem Leben, so werden wir erkennen, dass wir zuvor viel darüber nachgedacht haben. Wir haben das, was wir schließlich zur Ausführung brachten, zunächst in Gedanken als Bild geschaffen.

Im Negativen fällt diese Einsicht oft nicht leicht. Viele Patienten müssen erkennen, wenn sie zurückblicken, dass sie ihre Krankheit herbeigedacht haben – durch negative Gedanken, durch Ärger, Hass, Neid, Streit und anderes mehr. Oftmals haben Menschen sich das Bild der Krankheit geradezu selber eingegeben, um über diese Krankheit etwas zu erreichen – z.B. einen ihrer Mitmenschen dazu zu bringen, etwas zu tun, ein bestimmtes Verhalten abzulegen oder etwas zu unterlassen. Ihr Wunsch wurde Wirklichkeit – unabhängig davon, ob der gewünschte Effekt ebenfalls eintrat oder nicht.

Wir berücksichtigen zu wenig, dass unsere Gedanken immer dem vorhergehen, was dann im Äußeren, in der materiellen Welt, sichtbar wird. Unsere Zukunft, unser Schicksal, hängt zu einem guten Teil von dem ab, was wir heute empfinden und denken. Unsere Gedanken von heute bestimmen unser Leben von morgen.

Ein altes deutsches Sprichwort enthält ebenfalls eine Aussage über die Wirkung positiven Denkens: „Willst du glücklich sein im Leben, trage bei zu anderer Glück; denn die Freude, die wir geben, kehrt ins eigene Herz zurück." Das können wir ausprobieren:

Gleich, was es ist – eine kleine Gabe, ein Anruf, ein kurzer Besuch – diese selbstlose Geste, ohne Hintergedanken und Nebenabsichten unserem Nächsten gebracht, bringt Freude in das eigene Herz. Wir selbst sind aufgebaut, wir selbst sind freudig. Allerdings wird dieser innere „Lohn", die Freude als Folge vermehrt fließender positiver, also göttlicher Kraft, nur dem zuteil, der wirklich selbstlos handelt, also ohne etwas für sich zu wollen.

Ein Mensch, der positiv in den Tag geht, der selbstlos für seinen Nächsten da ist, der wird die Warnzeichen, die ihm von der Seele gegeben werden, viel schneller erkennen und viel schneller bereinigen und den alten Fehler nicht mehr tun. Dadurch wird die Belastung, die in seiner Seele liegt, getilgt, und er muss eine Krankheit, die aufgrund der unbereinigten Belastungen angezeigt gewesen wäre, nicht erleiden.

Selbstlose, positive Gedanken, Worte oder Taten sind zugleich Medizin. Sie helfen mit, Beschwerden zu lindern, vielleicht sogar – wenn wir konsequent umdenken und unserem Nächsten einfach positiv gegenüberstehen –, eine Krankheit zu heilen.

Diese Erfahrung lässt sich auch in Kliniken machen. Sind auf einer Station schwerkranke Patienten und haben die Schwestern und die Ärzte eine positive Ausstrahlung, die sich positiv auf ihre Patienten auswirkt, dann werden die Patienten zum einen schneller gesund, und zum anderen steckt sich das Pflegepersonal nicht an. Gerade auf Tuberkulosestationen ist das schon seit vielen Jahrzehnten bekannt. Diese Gesetzmäßigkeit gilt aber auch umgekehrt: Ist auf einer Station ein schlechtes Betriebsklima, dann sind die Patienten häufiger chronisch krank, und auch Infektionen des Personals treten häufiger auf.

Machen wir uns auch folgendes bewusst: Alle Erregungen und Konflikte, gleich welcher Art, wirken störend auf die Zirkulation des Blutes in unserem Körper ein. Sie können die Körperabwehr beeinträchtigen und z.B. Schnupfen,

Halsentzündungen und Störungen der Drüsenfunktionen hervorrufen.

Es kommt darauf an, dass wir rechtzeitig erkennen, was sich anbahnt, und rechtzeitig umkehren. Wir sollten also einen Schlussstrich ziehen, bevor eine Erregung ihren Höhepunkt erreicht. Sagen wir uns bei jeder Aufregung: „Sie schadet mir!"

Die Erfahrung hat auch gezeigt: Wenn sich eine Erregung aufbauen möchte, hilft es, laut zu beten, das heißt, ein Gebet in den Körper hineinzusprechen, denn Gedanken und Worte sind Kräfte. Das laut gesprochene Wort hat eine noch stärkere Resonanz im Körper.

Ein Mensch, der auf den Geist Gottes baut, lebt bewusst. Er ist wachsam, um jeden Gedanken sofort zu erfassen und rechtzeitig zu erkennen, welche Inhalte er hat. Er wird also auch rechtzeitig erkennen, was sich anbahnt, und rechtzeitig die Kraft des Positiven einsetzen.

Das Gebet, das wir in den Körper hineinbeten, soll erfüllt sein von dem Glauben an Christus, von dem Glauben und Vertrauen an Gott, unseren Vater.

Dieses erfüllte Gebet beten wir gleichsam als Gedanken in uns hinein. Wie wir ein Gefäß füllen, so füllen wir unseren Körper mit positiven Gedanken, mit vertrauensvollen Gebetsgedanken an Christus.

Dieses Hineinbeten in das Gefäß, in den Körper, bewirkt, dass unser Körper in eine höhere Schwingung kommt. Diese Schwingung, auch Körperrhythmus genannt, steht dann über den Viren und schädlichen Bakterien, so dass Viren und Bakterien kaum mehr Einfluss auf unseren Körper gewinnen. Was bleibt ihnen übrig, als den Weg der Ausscheidung zu nehmen?

Positive Kräfte, Christuskräfte, aufbauende Kräfte also, bewirken dann in unserem Körper Gesundheit und wieder neue Aktivität.

Das rechte Beten

An dieser Stelle sollten wir noch einmal auf das rechte Beten eingehen:

Ein richtiges Gebet ist nicht ein auswendig gelerntes oder heruntergelesencs Gebet, das ein anderer für uns vorformuliert hat. Das wahre Gebet sind einfache, ehrliche Worte, die wir an Gott, unseren Vater, richten – so, wie es unserem Bewusstsein entspricht, unserer momentanen Gedankenwelt. Das Wesentliche aber ist, dass wir uns immer bemühen, unsere Gebete zu verwirklichen, das heißt, das zu leben, was wir im Gebet aussprechen.

Unsere Gebete sollen also unser Leben sein. Sprechen wir in unseren Gebetsworten Dinge aus, die wir wohl als gut und wünschenswert ansehen, die wir selbst aber nicht aktiv in unser Leben mit einbeziehen, dann kann dieses Gebet nur wenig oder gar keine Wirkung haben. Ist unser Gebet jedoch unser Leben, weil wir das denken, reden und tun, was wir beten, dann können wir sicher sein: Wir sind sogleich im Inneren positiv aufgeladen; es ist Aktivität da, Freude und Dankbarkeit, und alles Unpässliche weicht von uns. Auch Ängste, Sorgen, Probleme, Hassgefühle und vieles mehr verlieren an Bedeutung, wenn wir bewusst beten – das heißt, wenn wir uns vornehmen, dass unser Gebet zu unserem Leben wird.

Soll unser Gebet uns oder auch unserem Nächsten Kraft, Segen und Heilung bringen, so sollten wir unsere Motivation prüfen. Dazu können wir uns die Frage stellen: *Wofür* wollen wir gesund werden? Wollen wir gesund werden, um ohne Beeinträchtigung durch die Krankheit unser Leben wie bisher weiterzuführen, oder machen wir uns Gedanken, welchen höheren Sinn wir unserem Leben geben möchten?

Deshalb sollten Gebete auch niemals nur der Gesundheit unseres Körpers gelten. Gebete sollten sich immer auf unsere Seele beziehen; denn die Seele ist ausschlaggebend.

Das Wann und Wie unserer Gesundung werden wir in den Willen Gottes legen, indem wir sprechen: Herr, Dein Wille geschehe!

Geistige, ganzheitliche Heilung ist nur durch ein entsprechendes geistig ausgerichtetes, gesetzmäßiges Leben zu erreichen – nicht durch ein einmal gesprochenes Gebet, sondern durch eine positive Veränderung unseres Lebens!

Es liegt einzig an unserer Einstellung zum Leben und an unserem Verhalten, ob sich unser Leben ändert; denn es ändert sich nur, wenn wir uns ändern.

Wenn wir unsere Schwierigkeiten, Probleme, Krankheiten und Nöte von einer höheren Warte aus betrachten, ist es uns möglich, die positiven Kräfte in sie hineinfließen zu lassen.

Wenn wir von uns selbst, von unserem bisherigen menschlichen Denken, Abstand gewonnen haben, dann sehen wir alle Umstände in einem helleren Licht – und am Horizont beginnt der Himmel wieder klar zu werden! Und: Wenn wir bereit sind, unser derzeitiges Verhalten und unsere noch nicht überwundenen negativen Eigenschaften genauer zu betrachten, um sie zu ändern, werden wir auch eine Lösung finden. Denn in allem, was wir an Menschlichem erkennen, ist auch die Lösung und die Antwort, da in allem Gegensätzlichen auch das Positive ist.

Vertrauen wir uns also in jeder Situation Gott an, dann werden wir auch in Kürze eine Lösung finden!

Die Lösung aller Probleme und Schwierigkeiten, ja sogar auch der Krankheiten liegt allein in der Selbsterkenntnis und in der Überwindung dessen, was wir erkannt haben – also in der Verwirklichung.

Haben wir Probleme mit unserem Nächsten und wollen wir, dass er sich ändert, so heißt auch hier die Lösung: Ich kann mich nur selbst ändern!

Der Nächste ist nicht der Verursacher meiner Probleme, meiner Krankheit und meines Schicksals. Er wirkt nur als Impulsgeber oder Auslöser – der Urheber bin ich selbst.

Die positive Ausrichtung unseres Lebens
ist die Ausrichtung auf Gott.
Gott ist immer da –
wenden wir uns Ihm zu!

Nehmen wir folgende meditative Gedanken in uns auf; sie vermitteln uns Sicherheit und Gottnähe.

Der Geist Gottes ist uns jeden Augenblick nahe.
Er ist in uns!
Er ist da!
Machen wir uns diese Aussage bewusst:
Gott ist da!
Gott ist jedem von uns jeden Augenblick nahe!
Gott ist das Leben!
Gott ist die Lösung aller Schwierigkeiten
und Probleme.
Gott ist die Gesundheit in jeder Krankheit.

Durch Glauben, durch tiefes Vertrauen und durch innige Gebete treten wir in Kommunikation mit Gott in uns. Schon im Augenblick dieser Kommunikation – also der Verbindung mit Gott – fließen uns die positiven Kräfte zu.

Diese positiven Kräfte sind Gotteskräfte. Sie bringen uns die Lösung unseres Problems oder unserer Schwierigkeiten – und auch Hilfe und Heilung bei Unpässlichkeit und Krankheit.

Mit Recht können wir sagen: Mit Gott lebt es sich leichter! Es muss uns jedoch auch bewusst sein, dass der Geist Gottes sich nicht beeinflussen lässt. Er wird uns nach Seinem ewigen Gesetz geben, wenn wir Ihn von Herzen bitten.

Menschen können wir eventuell mit unseren Wünschen beeinflussen, Gott jedoch nicht. Er ist unwandelbar.

Machen wir uns bewusst: Gott reagiert nicht auf das Drängen unserer noch menschlichen Wünsche, Sehnsüchte und Leidenschaften. Gott reagiert nicht, wenn wir Ihn mit unseren Gedanken und Wünschen zwingen oder gar erpressen wollen, z.B. mit unserer Vorstellung: So und nicht anders müsste es sein – oder: So und nicht anders sollte Gott wirken!

Gottes Gegenwart spüren wir nur in der inneren Stille. Wir finden zu ihr durch Glauben, Vertrauen und eine positive Ausrichtung.

Wenn auch der Sturm unseres Ichs tobt – Gott berührt es nicht! Er strahlt uns ruhig zu und wartet, bis wir uns Ihm zuwenden, auf dass wir von Seiner Strahlung empfangen können.

Um die Ausrichtung auf Gott mehr und mehr zu erlangen, sollten wir am Morgen in das tiefe Gebet und in die Meditation gehen. Gott strahlt, weil Er uns liebt. Gott strahlt immer! *Wir* müssen uns Ihm jedoch zuwenden.

Machen wir uns bewusst: Gott ist!

Gott strahlt durch die Gestirne. Er erwärmt durch die Sonne die Erde. Er lässt die Früchte reifen, Gräser, Blumen und Pflanzen wachsen. Er lässt überall das Leben sprießen und fragt nicht, ob wir es wollen oder ob wir es nicht wollen. Er strahlt!

Auch durch selbstlose Liebe unserem Nächsten gegenüber wenden wir uns der Liebe Gottes zu: durch freundliche, aufbauende Gedanken;

durch ein friedvolles Miteinander; durch Vergeben und die Bitte um Vergebung; dann werden wir auch von Gott durchstrahlt.

Daher der Rat:

Beten wir am Morgen und meditieren wir! Lassen wir uns von der geistigen Sonne, von Gott, bestrahlen!

Bemühen wir uns, in Harmonie mit dem unendlichen, ewig strahlenden Geist zu kommen, und wir werden gesund, glücklich und freudig bleiben oder werden.

Auch wenn wir unglücklich, freudlos oder krank sind – seien wir uns bewusst: Gott strahlt! Gott, die ewig strahlende Energie wird uns wieder zu Gesundheit, Kraft, Glück und Freude verhelfen.

Heute ist der Tag, jetzt ist die Stunde – nehmen wir Gott an! Packen wir an! Verändern wir unser Leben zum Positiven!

Wir können rechtzeitig den Reaktionen von Hast, Stress, Streit, Eifersucht und Angst vorbeugen, indem wir uns Gott, dem ewig strahlenden Licht zuwenden und den Frieden in uns hineinmeditieren.

Im Gebet und in der Meditation lassen wir die positiven Kräfte in unser Inneres hinein und vermindern damit die aufkommenden Erregungen – oder heben sie ganz auf.

Wir brauchen die Entspannung der Seele, des Nervensystems und des Körpers, damit wir diese inneren Kräfte aktivieren können.

Eine weitere Hilfe, um in Harmonie zu kommen, sind innige Stoßgebete. Wenn wir in Hektik geraten, weil die Arbeit uns bedrängt und übermannt und wir keine Zeit finden, uns wenige Minuten zurückzuziehen, dann wenden wir uns – auch während der Arbeit – sofort und immer wieder nach innen.

Halten wir Zwiegespräche mit Gott in einem kurzen Stoßgebet.

Beten wir sinngemäß:

Ewiger Vater,
der Du der allgegenwärtige Geist in mir bist.
Du stehst mir bei,
damit ich wieder die innere Ruhe finde
und ruhig bleibe.

Ich möchte mich täglich bemühen, das ewige Gesetz der selbstlosen Liebe zu beachten und gewissenhaft meine Arbeit verrichten.

Von Dir empfange ich Kraft, Ruhe und Frieden.

Von Dir strömt mir Stärke und innerer Halt zu.

Du bist meiner Seele Labsal und die Harmonie meines Leibes.

Meine Nerven entspannen sich –
ich bin konzentriert, um meine Arbeit
gewissenhaft zu erfüllen.
Herr, ich danke Dir, dass Du die Kraft
und das Leben in mir bist.

Ein solches kurzes Gebet entspannt Seele und Körper und aktiviert die Seelen- und Körperkräfte. Das festigt wieder das Vertrauen zu Gott.

Mit Gott lebt es sich leichter – Lebensregeln

Vergessen wir nicht: Wenige Minuten echter Entspannung bauen Seele und Körper auf.

Wir merken uns: Jede Aufregung kostet Energie.

Wir sollten also jede Erregung rechtzeitig angehen und sie mit Gott meistern.

Lassen wir jedoch die Erregung überschäumen, dann gelangen wir „außer uns“! Wir können dann die Situation, in die wir gestellt sind, nicht beherrschen; da wir von unseren aufgepeitschten und sorgenvollen Gedanken getrieben und gehetzt sind.

Üben wir uns, die Situationen zu beherrschen: Treten wir einer Situation oder einem Problem in Ruhe entgegen. Atmen wir tief und gleichmäßig, und betrachten wir die Situation oder das Problem von einer höheren Warte aus.

Will man uns in ein hektisches Gespräch verwickeln, dann sprechen wir um so ruhiger.

Dadurch gewinnen wir einen Einblick in das Gespräch – und finden so den Durchblick.

Bleiben wir trotz der aufgewühlten Gemüter um uns herum freundlich und unseren Nächsten wohlwollend zugetan. Vergessen wir nicht die Achtung vor unseren Mitmenschen, dann werden wir die Situation beherrschen. Wir brauchen nicht eine Verschleierungstaktik anzuwenden – wir werden nicht anders sprechen, als wir denken.

Bleiben wir in jeder Situation auf Gott ausgerichtet, dann bleiben wir auch entspannt, ruhig, freundlich und sind jeder Situation gewachsen. Worum es auch geht – bleiben wir ruhig in den Gesprächen und bemühen wir uns, das Beste zu geben.

Unser Leitgedanke soll die Ehrlichkeit sein! Übervorteilen wir also keinen Menschen – dann haben wir Gott auf unserer Seite.

Ist eine Situation auch noch so verfahren – sei es im Geschäftsleben oder sei es ein Krankheitsbild, das uns beunruhigen möchte –, gehen wir nach innen, bauen wir auf Gott, vertrauen wir uns der allweisen, ewigen Kraft an, dann wird Gott, die ewige Intelligenz, alles zum Guten lenken.

Vertrauen wir also Gott!

Nehmen wir in unser Gedächtnis auf: Entspannung ist Erholung. Wir brauchen nicht wochenlang Urlaub zu machen und uns auch nicht wochenlang in Kurhäusern zu regenerieren.

Wir sollten die Minuten und Sekunden nützen und uns immer wieder in den göttlichen Strom begeben, aus dem uns Kraft, Harmonie, Gesundheit und Freude zuströmen.

Üben wir uns immer wieder, unsere Seele und unseren Körper zu entspannen. Dann geht jede Arbeit besser von der Hand – und wir bleiben gesund oder wir werden Gesundheit erlangen!

Denken wir in jeder Situation daran – sei es im Arbeitsbereich oder bei einer Krankheit: Gott steht uns bei. Wer Gott in sein Leben mit einbezieht, der wird erkennen und spüren, dass er viel weniger zu tragen hat.

Sagen wir bitte nicht: „Ich wurde krank, weil ich ständig im Stress und somit in der Verkrampfung gelebt habe.“ Stress und Verkrampfungen entstehen nur dann, wenn wir uns in die Situation hineinziehen lassen. Dann sind wir ihr nicht gewachsen.

Lernen wir nicht, über der Situation oder dem Problem zu stehen, dann können wir auch nicht erkennen, wo wir anpacken sollen, um zu beheben, was ansteht.

Wer im Sumpf steckt, der schlägt um sich, denn er will sein Leben retten. Dabei sieht er nicht den Weg der herausführt. Ähnlich ist es mit der Situation oder dem Problem: Stehen wir darüber, also außerhalb des Sumpfgebietes, dann sehen wir den Weg, der aus der Situation oder dem Problem herausführt.

Ein Rat zum Bereich unserer täglichen Arbeit: Sagen wir „Ja“ zu unserer Arbeit und unseren Aufgaben! Dann werden wir unsere Arbeit auch so planen, dass wir freie Minuten zu unserer inneren Sammlung haben und unser Körper immer wieder an der Lebensenergie, Gott, auftanken kann. Dann bleiben wir gesund – oder wir werden gesund.

Denken wir jedoch: „Meine Arbeit ist schwer“, dann wird sie uns auch schwerfallen.

Bleiben wir in allem, was auf uns zukommt, in dem Bewusstsein, dass Gott uns beisteht und dass Gott durch uns wirkt. Dann nehmen wir unsere Arbeit und unsere Aufgaben auch an – sie werden uns leichter von der Hand gehen.

Sagen wir also täglich aufs Neue „Ja“ zu unserer Arbeit und zu unseren Aufgaben und bejahen wir täglich die Gesundheit. Dann wird auch Schweres und Bedrückendes von uns fallen.

Denken wir daran: Wir müssen unser Denken beherrschen! Dann werden wir auch unsere Arbeit gut planen – und wir werden von ihr nicht beherrscht werden.

Wer gut plant und nach dem Plan arbeitet, der wird selten in Hektik geraten, und die Arbeit wird nicht stapelweise unerledigt liegen bleiben. Alles Unerledigte bringt innere und äußere Unruhe. Auch das können Ursachen für Unpässlichkeiten und Krankheiten sein.

Lernen wir also, einige Minuten innezuhalten, um zu beten, dann wird uns immer wieder aufs Neue die Lebenskraft zufließen.

Nehmen wir unsere Krankheit an, indem wir unsere Krankheit Gott übergeben und uns bemühen, mit unseren Mitmenschen Frieden zu schließen und Frieden zu halten! Dann kann auch Seine heilende Kraft in uns wirksam werden.

Wenn wir befürchten, eine unheilbare Krankheit könnte auf uns zukommen, dann ziehen wir eine entsprechende Krankheit an, und wir werden unter Umständen daran schwer zu tragen haben.

Gott ist überall.

Gott ist in uns, in unserem Nächsten, im Werkstück, am Arbeitsplatz. Er ist die Gesundheit, Er ist auch in der Krankheit die Gesundheit. Er, Gott, ist das Leben. In allem, was wir tun, ist Gottes Kraft.

Denken wir daran: Wir finden Gott in uns, wir werden durch Gott zufrieden, glücklich und gesund.

Haben wir nun trotz dieser soeben gelesenen Lebensregeln immer noch an unseren Mitmenschen vieles auszusetzen, dann ist folgendes eine gute Hilfe:

Schreiben wir die *positiven* Seiten der Menschen auf, die uns unsympathisch sind und an denen wir so viel auszusetzen haben!

Sagen wir nicht sogleich: Ich finde nichts Gutes an ihnen. Blicken wir näher hin!

Kein Mensch hat nur gegensätzliche Seiten – oder, wie wir vielleicht sagen, schlechte. Jeder Mensch hat auch positive Seiten. Wer sie finden will, der sieht sie! Sie schauen ihm ins Gesicht.

Haben wir also positive Seiten unseres Nächsten gefunden und aufgeschrieben, so betrachten wir diese positiven Aspekte! Bejahen wir diese. Mit der Zeit werden wir sodann diesem Nächsten gegenüber immer mehr positive Gedanken entwickeln, z.B. Verständnis und Wohlwollen.

Zu unserer Selbsterkenntnis gehört auch, dass wir das Gesetz der Entsprechung kennen: Wenn uns die Fehler unseres Nächsten erregen, so sollten wir *zuerst bei uns selbst suchen*, ob nicht in uns gleiche oder ähnliche Fehler vorliegen! Denn Gleiches kommuniziert immer wieder mit Gleichem.

Jede unserer Erregungen sagt uns, dass wir getroffen sind! Sonst würden wir uns nicht erregen. Jede Erregung zieht wiederum Gleiches oder Ähnliches an. Auch jeder Ärger über unseren Nächsten sagt uns, dass wir Gleiches oder Ähnliches in uns haben.

Merken wir uns: Was uns bedrückt, ist nicht der Druck von außen, es sind unsere Belastungen, der Druck, der aus unserem Inneren kommt.

Ein scheinbar von außen einwirkender Druck ist oft nur ein Anstoß, der unsere Entsprechung in Bewegung bringt. Der äußere Anstoß bringt jenen Menschen in Ärger oder Erregung, in dem Gleiches oder Ähnliches vorliegt.

Jeder von uns ist ein Kind Gottes. Unser reiner Geistleib ist das Ebenbild des ewigen Vaters.

Gott ist vollkommen. Gott kennt weder Ärger noch Erregung. Er ärgert sich nicht über uns Menschen.

Können wir bejahen, dass wir Gottes Ebenbilder sind, dann erkennen wir, dass Ärger in unserem reinen Bewusstsein keine Existenz hat. Dass wir Menschen uns also die Entsprechungen, wie Ärger, Neid, Hass, Feindschaft und dergleichen selbst auferlegt haben.

In diesen Punkten, in den Entsprechungen also, sind wir verwundbar. Wir schreien auf und erregen uns, weil wir getroffen wurden!

Nur die Ehrlichkeit zu uns selbst führt uns auf den Pfad der Erkenntnis, die Dinge und Geschehnisse das, was wir uns selbst auferlegt haben, im rechten Licht zu sehen und zu verstehen.

Wir sind in dieser Welt, um in uns den Frieden zu entfalten – und in Frieden mit unseren Mitmenschen zu leben. Der erste Schritt hin zum inneren Frieden ist das aufrichtige Verständnis für unseren Mitmenschen – was immer dieser auch sagt und tut. Gelingt uns das, dann finden wir auch in unserem Nächsten das Gute

Bejahen wir aufrichtig das Gute in unserem Nächsten und sprechen wir auch anerkennend darüber! Dann werden wir so manches Herz verwandeln!

Dies bewirkt positive Kettenreaktionen, die auch in weiteren Menschen Gleiches oder Ähnliches auslösen können. Mancher andere wird daraufhin wiederum in seinen Mitmenschen das Gute erkennen und selbstlos ansprechen.

Tränen können eine nervliche Entspannung bewirken. Lassen wir unseren Tränen freien Lauf; dadurch entspannen wir uns, und der Kummer ist nur halb so schwer – oder er ist gar vergangen.

Hüten wir uns vor Selbstmitleid! Selbstmitleid verhindert Selbsterkenntnis und somit jede Veränderung zum Guten. Dem Selbstmitleidigen kann nicht geholfen werden, er versinkt in Unglück und Depression. Besinnen wir uns rechtzeitig eines Besseren und packen wir an, anstatt uns gehen- und fallenzulassen!

Wir werden auch die Erfahrung machen, dass die Phasen des Kummers, des Herzeleides und der Angst sich verringern und wandeln, wenn wir unseren Körperrhythmus verändern. Sitzen wir beispielsweise viel am Schreibtisch, so ist zu raten, dass wir immer wieder eine körperliche Arbeit ausführen, die unseren Rhythmus verändert.

Denken wir daran: Es ist besser, den Körperrhythmus zu ändern – zum Beispiel durch eine intensive körperliche Arbeit – anstatt trübselig zu sein und sich dem Kummer hinzugeben!

Die Umstellung des Rhythmus hilft in vielen Fällen, Kummer, Trübsal und Schwermut zu beheben.

In jedem von uns ist Gott. Gott, der ewige Geist ist Liebe, Weisheit und Kraft. Sein Ohr ist immer offen für uns Menschen, deshalb können wir in jeder Situation unser Herz bei Gott ausschütten.

Er hilft uns, zuerst unser menschliches Ich zu erkennen und zu überwinden – damit sich der Kerker, in den wir uns eingeschlossen haben, öffnet und wir uns durch die Kraft Gottes von Trübsal, Hoffnungslosigkeit, Verzweiflung, Angst, Sorgen und Problemen zu befreien vermögen.

Gott ist es, der das Licht in unseren Alltag bringt.

Gott ist es, der in den Kerker unseres menschlichen Ichs hineinstrahlen möchte. Öffnen wir die Tür, und lassen wir die Wände des Kerkers dünner werden! Dann finden wir allmählich wieder zu uns selbst.

Wir sollten auch einmal den Versuch wagen, über Umstände zu sprechen, die für uns beschämend sind. Wegen dieser Scham haben wir bisher alles so festgehalten und versteckt. Sprechen wir unser Unvermögen aus, bricht unser selbstsüchtiges Gehäuse zusammen, der Panzer des menschlichen Ichs – und die Mauern unseres Kerkers stürzen ein. Danach verläuft auch unser Leben positiv, und Gott wirkt stärker in uns. Er verleiht uns die Kraft, über den Alltagsgeschehnissen zu stehen.

Wir sehen dann unsere Krankheit im Lichte Gottes, weil wir Gott, die Gesundheit, in uns bejahen.

Mit Gott fallen Ängste und Sorgen von uns – und die Hoffnungslosigkeit schwindet.

An die Stelle des Negativen, des Trostlosen, des Trübseligen, des Verzweifelns, treten Hoffnung, Vertrauen, Glauben, Freude und die bejahende Kraft: In Gott ist alles gut!

Wo immer wir uns befinden, in welcher Lebenslage auch immer – folgende Worte möchten uns auf unserem weiteren Lebensweg begleiten:

Gott ist mit uns!
Vertrauen wir uns Gott an –
und wir sind in den besten Händen!

Lesen Sie auch:

Worte des Lebens für die Gesundheit von Seele und Körper

Das Buch beruht auf der Christus-Offenbarung: Ursache und Entstehung aller Krankheiten

Eine fundamentale Offenbarung des Christus-Gottes-Geistes durch Gabriele, die Prophetin und Botschafterin des Ewigen Reiches.

Zu unserem besseren Verständnis der Abläufe, die zu Krankheit oder zu Gesundheit des Menschen führen, erhalten wir noch nie zuvor dagewesene Einblicke in die großen kosmischen Zusammenhänge des Lebens: Im ersten Teil des Buches beschreibt der Christus Gottes unter anderem die Entstehung der reinen Seinsschöpfung bis hin zum Fallgeschehen und wie daraufhin über die Äonen sich allmählich die grobstoffliche Materie und der menschliche Körper herausbildeten. Des Weiteren erhalten wir detaillierte Aufklärung über

- die Kraft und Wirkung der Gedanken
- die Bedeutung des Nervensystems bei der Entstehung von Krankheiten und Schicksalsschlägen
- die Einheit allen Lebens und wie sich die Misshandlung der Tiere und die Ausbeutung der Erde auf den Menschen auswirken
- die Quanten als geistige Energieträger
- die Chancen der Reinkarnation
- die Hilfe des Inneren Arztes und Heilers, Christus, u.v.a.m.

Gebunden: 424 S., Leinen. ISBN 978-3-96446-131-9
Taschenbuch: 472 S., ISBN 978-3-96446-379-1
Auch als E-Book

Erkenne und heile Dich selbst durch die Kraft des Geistes

Diese Offenbarung aus dem Ewigen Reich, gegeben durch Gabriele, die Prophetin und Botschafterin Gottes, ist eine wahre Fundgrube an konkreten Hinweisen und Empfehlungen bei bestimmten Erkrankungen – und auch für die rechte Lebensweise, um gesund und geistig rege zu bleiben. Weiteres aus dem Inhalt:

- Die geistigen Kräfte sind auch Heilkräfte
- Viele Strahlungen beeinflussen die Energiefelder des Menschen
- Das Töten und Verspeisen von Tieren führt zur Seelenbelastung
- Gebet setzt Kräfte frei – Fanatismus schadet
- Die Bedeutung der Anweisung „Macht euch die Erde untertan“ und des geistigen Gesetzes „Gleiches zieht Gleiches an“
- Der Aufbau und die Funktionsweise des Ätherkörpers – Seele und irdischer Körper
- Die verschiedenartigen Duftstoffe und ihre Wirkungen
- Die Bedeutung der Farben und Töne – Ihre Wirkungen auf die Seele und den Menschen
- Die sieben Bewusstseinszentren und die ihr zugeordneten Organe u.v.a.m.

Gebunden: 428 S., ISBN 978-3-96446-125-4
Taschenbuch: 476 S., ISBN 978-3-96446-368-5
Auch als E-Book

Gerne übersenden wir Ihnen unser aktuelles
Buchverzeichnis sowie Gratis-Leseproben
zu vielen Themen.

Gabriele-Verlag Das Wort
Max-Braun-Str. 2, 97828 Marktheidenfeld
Deutschland
Tel. 0049 (0)9391/504-135, Fax -133
www.gabriele-verlag.com